LA CÁRCEL DEL TEMOR

Rose Marie Tapia R.

CAPÍTULO 1

Sofía se detuvo y un grito aterrador escapó de su garganta. Justo antes de que se produjera la terrible escena que yo no olvidaría jamás. Ella había estado paseándose por la terraza trasera de la casa, sin que nada presagiara ese momento. Como respondiendo al impulso de un resorte, me levanté para ayudarla, pero ya Melissa salía corriendo de la habitación de su madre. Con aplomo, le levantó la barbilla, abriéndole la boca, contó en voz alta diez gotas que salían del frasco que traía en la mano; finalmente volvió a cerrarle la mandíbula, ordenándole.

—Traga, Traga.

Sofía se resistió y balbuceó sonidos indescifrables. Se deslizó y cayó de espaldas. El aire no les llegaba a los pulmones, había perdido el control del movimiento de los ojos que giraban y giraban, amalgamando la sensación de asfixia con una completa confusión visual.

Me arrodillé junto a mi prima. Sofía convulsionaba, el pecho parecía rígido, por lo que respiraba con dificultad, su rostro estaba azuloso y sudaba a chorros. Cuando la agonía alcanzaba el punto límite, el aire encontró por fin la manera de entrar a llenar sus pulmones. Sin embargo, lo que más me impresionó fue la expresión de sus ojos. ¡Qué pavoroso cambio en su mirada! Ya no era vivaz y alegre, sino quieta y congelada, detenida en la contemplación de un terror definitivo. No lloraba, el llanto es una descarga de la emotividad y ella estaba paralizada por el temor.

Minutos después, Sofía comenzó a recuperarse, a medida que su respiración se normalizaba, las lágrimas empapaban su pálido rostro. Con una breve disculpa hizo un esfuerzo para ponerse de pie. La ayudé a levantarse.

—No tienes que disculparte. Quiero pedirte que siempre que sientas miedo, pienses en todas las personas que te queremos y tengas la seguridad de que estaremos a tu lado para ayudarte.

Melissa le trajo a su madre un té de tilo, el que fue tomando despacio. Consideré entonces que era hora de retirarme, el cansancio se me hacía cada vez más evidente. Fueron variadas las emociones experimentadas aquella tarde y me agobiaba la visión de la agonía que estaba viviendo una mujer que, desde niña, siempre había conocido como independiente, capaz y brillante. ¿Cómo era posible que una enfermedad la pudiera dejar en ese estado de indefensión?

Al despedirme de Sofía y de sus dos hijas, Vielka y Melissa, me prometí que no descansaría hasta sacarla de ese negro abismo en que se hallaba sumida por la desesperanza y el desaliento.

Mientras manejaba de regreso al hotel, ya sin testigos, dejé fluir las lágrimas que había contenido frente a mi prima. Era una batalla terrible la que tenía por delante; por eso me permití llorar, para no hacerlo más adelante.

La enfermedad de Sofía comenzó a manifestarse un día mientras redactaba una sentencia que tenía que estar lista a las dos de la tarde. Desde hacía varias semanas trabajaba en el expediente de uno de los hombres más influyentes de la región, amigo de los militares que gobernaban en ese entonces. Cuando se trataba de ejecutar un veredicto justo no le temblaba la mano. Sin embargo, un ligero estremecimiento la hizo dudar.

Ángel, el secretario, entró en la oficina. Tenía seis años de trabajar con ella.

—¿Se siente mal, licenciada? La veo pálida.

—No te preocupes, estoy bien. Toma nota que voy a dictar sentencia.

En unos pocos minutos terminó la resolución y le solicitó al secretario que notificara a las partes. En ese momento entró el perito, ella lo había citado para tratar un secuestro de bienes. En el momento en que Sofía se levantó para buscar los documentos del caso, sintió un fuerte mareo y se apoyó del escritorio. Ángel corrió, la sostuvo, la ayudó a sentarse y le pidió al perito que consiguiera agua.

—Ya se lo dije licenciada, usted no se encuentra bien. ¿Desea que llame a un médico?

—No te preocupes, tiene que ser el exceso de trabajo. Este fin de semana voy a descansar y verás que el lunes vengo como nueva.

Sofía se incorporó, respiró profundo, bebió un vaso de agua y salió de la oficina en compañía del perito. Llegaron al negocio en donde se iba a ejecutar la incautación. El ambiente era hostil, el dueño había sublevado a los empleados e impedían que ambos hicieran su trabajo. Ella salió a la calle y llamó a los policías que, previsoramente, había llevado por si las cosas tomaban el rumbo de la violencia.

En pocos minutos se consumó el procedimiento de embargo. El perito hizo el inventario, Sofía firmó el documento y le entregó al dueño una copia. El individuo, afectado por el procedimiento legal, profería maldiciones en contra de ella. Esa era la rutina en su trabajo y ella no las tomó en cuenta. Gajes del oficio, como siempre decía.

Después de realizada la diligencia judicial, y de firmar algunos documentos en el juzgado, se fue a su casa. Mientras caminaba hacia el taxi que se había detenido ante una seña suya, sintió que todo le daba vueltas. Una ola de calor le subió a la cabeza, la mareó y le generó náuseas. Además, tenía palpitaciones, temblor de las extremidades, visión borrosa y resequedad de la boca. El diafragma contraído le producía un intenso dolor. Recordó la muerte súbita de su padre. Él había fallecido de un ataque cardíaco. Tan pronto estuvo dentro del taxi, le pidió que la llevara al consultorio del doctor Saavedra, el mismo cardiólogo que atendió a su padre.

Sofía entró corriendo al consultorio del galeno y le dijo a la auxiliar que estaba infartada. El doctor se sorprendió al verla llegar. Ella no lo había consultado antes y la vio nerviosa. Procedió a hacerle unos exámenes urgentes y en menos de media hora tuvo en su escritorio los resultados. Todos demostraban que la paciente no estaba enferma.

—Tu corazón está en perfecto estado.

—Entonces, ¡qué me está pasando!

—No te preocupes, puede ser el estrés. Procura descansar este fin de semana y si los síntomas continúan, me llamas.

—Gracias, espero que estas molestias sean pasajeras.

Sofía se retiró tranquila. En un inicio pensó que iba a morir. No obstante, el médico la tranquilizó. Llegó a su casa y se retiró a descansar sin cenar. Pasó el fin de semana en reposo. Era una mujer responsable y siempre había sido sana. Tenía que cuidarse, sus hijas la necesitaban.

Llegó el lunes y con ello los trajines de la rutina. Por la tarde, un amigo abogado llegó a su oficina con un aire de misterio que rayaba en lo ridículo.

—Tengo algo delicado que comunicarte, pero me tienes que prometer que no se lo vas a decir a nadie.

—¿A qué se debe tanto misterio? Tú sabes que a mí esas cosas no me gustan.

—Si me prometes que no lo vas a comentar, te lo digo. ¡Estás en grave peligro!

—¿Peligro? No seas dramático.

—Esta vez pasaste las fronteras de la audacia. En tu cruzada por la justicia, afectaste a un «mono gordo», amigo de nuestro jefe.

—Ya me cansaste con tanto misterio, te prometo que no voy a decir nada, pero desembucha.

Era extraño que Sofía se expresara en esos términos, pero estaba disgustada. El joven abogado se acercó.

—Te abrieron un expediente y andan buscando testigos falsos para perjudicarte. El jefe quiere tu puesto para un compinche de él, una persona manipulable.

—Disculpa que me ría en tu cara. Sabes que tengo catorce años de estar haciendo este trabajo y un jefe de pacotilla no es el que me va a amedrentar. No, querido, ni lo pienses. Y ahora te vas, tengo trabajo por delante.

Poco después atendió a un hombre que gritaba para manifestar su descontento por la pensión alimenticia que ella le había asignado. Con toda la paciencia que la caracterizaba le explicó al desconsiderado padre las necesidades de su familia. Él no entraba en razones y le profirió una serie de amenazas. Para Sofía esos incidentes eran el pan de cada día. Ya estaba acostumbrada, no obstante, cada día era menos tolerante.

Después de contestar la llamada, su secretario le anunció mi visita. Entré sin saludar. Sofía se asustó, ella admiraba mi cordialidad y buen humor.

—Elena, ¿qué te sucede que estás tan descompuesta?

—¡Vengo a decirte algo delicado! Cierra la puerta con llave.

—No me asustes y habla de una vez.

—Una de mis clientas trabaja con tu jefe y me informó que este tiene un expediente en contra tuya y que está buscando testigos falsos para encarcelarte.

—No podrá hacerlo, no he cometido ningún delito.

—Pisa tierra, mujer, tú sabes cómo se manejan las cosas en este país. No siempre se impone la justicia.

—¿Qué motivo podrá tener para querer perjudicarme?

—Quiere tu puesto para nombrar a un títere que él pueda controlar.

—Lo que más me preocupa es que acabo de recibir la misma advertencia de un colega.

—Ándate con cuidado. Ese hombre es peligroso. Fíjate que salí de mi oficina para advertirte el peligro.

—Gracias, no sabes cuánto te lo agradezco.

Sofía continuó con sus labores hasta terminar lo pendiente. Faltaban cinco minutos para su salida y se apresuró para llegar a la universidad, donde tenía que dar una charla sobre derecho laboral. Llegó unos minutos antes y realizó algunas anotaciones. Tan pronto la presentaron, se paró frente al podio y miró al auditorio. Fue en ese momento cuando un fuerte dolor le oprimió el pecho, las palpitaciones y la agitación hicieron que se tambaleara. Se apoyó de la tribuna y respiró profundo. La boca la tenía seca, la vista se le nubló. Cayó de sus pies, inconsciente. Cuando despertó, el doctor Saavedra la inyectaba, en su clínica.

—Doctor, ¿qué me pasó?

—No te asustes, solo te desmayaste.

—¡Cómo no me voy a asustar, si esto me ha pasado ya varias veces! En uno de estos desmayos me voy a quedar.

—No tienes de qué preocuparte. No es nada grave. Creo que son tus nervios y deberías consultar a un especialista.

—¿A un psicólogo?

—No, a un siquiatra. Pienso que tu problema no es de conducta, es un problema más serio que debe ser evaluado por un médico especialista.

Sofía no contestó. Estaba decidida que, si para recuperar la salud debía ir donde un loquero, así lo haría y le preguntó al doctor Saavedra.

—¿Me puede recomendar alguno?

—Sí, te voy a dar una lista de cuatro. De esos escoge el que más te guste. Tienes que encontrar un médico que te inspire confianza.

Ninguno de los siquiatras le gustó, pues la trataban como paciente hipocondríaca y no le hacían ningún caso. A partir de ese momento su vida fue un calvario. De médico en médico, sin encontrar respuestas para sus múltiples síntomas. Físicamente, parecía no tener nada, pero en su mente se cernía una amenaza, la amenaza de muerte inminente y, para complicar la situación, ya de por sí insostenible, aparecieron las fobias. Cada vez que salía de su casa, se sentía en peligro. Comenzaba a temblar, a sentir sofocos y palpitaciones. Todo eso cesaba al entrar en su recámara.

Una tarde en su trabajo, comenzó a sudar, se levantó del escritorio y fue al baño. Abrió el grifo del lavamanos. Es lo último que recordaba. La recepcionista la encontró tirada en el suelo. La llevaron al hospital y la atendió un neurólogo. El doctor Mejía esperó que volviera en sí y le pidió que le contara su historia clínica. Estuvieron varias horas conversando; también le preguntó por los medicamentos, ella los sacó del bolso y se los mostró. El médico puso en una bolsita una muestra de cada uno para analizarlos.

Sofía llegó a su casa, donde la aguardaban sus hijas, alarmadas, la secretaria de la universidad se había comunicado con ellas para decirles que su madre estaba en el hospital. Sofía las tranquilizó y cenó con ellas. Una hora después se acostó a dormir, pero no logró conciliar el sueño. Estaba preocupada y no sabía cómo resolver su problema de salud.

A la mañana siguiente, no fue a trabajar, tenía cita con el neurólogo. Le hicieron una tomografía computarizada y varios análisis de laboratorio. Después de dos horas de angustiosa espera, el médico la hizo pasar a su consultorio. Sofía se sintió atemorizada al contemplar el rostro sombrío del galeno al saludarla, no obstante, contestó el saludo con una sonrisa. El médico se levantó y buscó una bolsa que contenía los medicamentos que Sofía le había entregado el día anterior.

—Este medicamento estaba descompuesto, el almacenamiento no fue el indicado y la exposición al calor afectó sus componentes y te ha ocasionado un desnivel químico en el cerebro.

—¡Entonces ya sabe lo que tengo!

—No es tan fácil, esto justifica ciertos síntomas, más no todos.

—Necesito que me dé unos días de incapacidad, me siento mal.

—No hay problema, te daré una semana y después de ese tiempo vienes para volverte a evaluar; además, tengo otros exámenes que ordenarte.

Tan pronto salió del consultorio, Sofía se fue directo a su casa. Entró en su recámara. Noelia, su empleada, le tuvo que llevar la comida a su habitación, pues ella no quiso salir. Llamó al laboratorio para que enviaran un técnico a su casa a extraerle la sangre para el resto de los análisis que le había ordenado el doctor Mejía. Se quedó toda la semana sin salir.

El día de la cita con el médico se levantó temprano para bañarse. En el momento en que abrió la ducha no salió agua; ella se quedó observando y de pronto comenzó a gritar horrorizada, en vez de líquido cayó un montón de serpientes sobre su cuerpo. Melissa y Vielka la encontraron paralizada por el horror, sin que pudiera articular palabra alguna.

Esta vez Melissa la acompañó a la cita con el médico, ya que, en lo referente al cuidado de su salud, no contaba con su esposo. Le explicaron al doctor Mejía los últimos síntomas. El médico permaneció pensativo por varios minutos y le dijo a Melissa que lo acompañara a la otra oficina, que tenía que hablar con ella.

Sofía se quedó en el consultorio, presa de mil pensamientos contradictorios, hasta que no aguantó más y salió al pasillo en busca de su hija y del médico. De repente experimentó una sensación de que algo malo estaba por ocurrirle, miró a su alrededor buscando una puerta para salir, pero no la encontró. Su vista se fue nublando, el sudor le corría por todo el cuerpo, las manos las tenía dormidas y esa misma sensación le fue subiendo de pies a cabeza, quería huir y no podía. Entonces gritó con todas sus fuerzas y cayó de bruces.

El doctor Mejía y Melissa llegaron corriendo. Sofía trataba de levantarse, pero volvía a caer. El médico la ayudó y la pasó al consultorio, donde le tomó la presión y el pulso. Después de un rato afirmó.

—¡Ya sé lo que tiene!

—¿Qué tiene mi mamá?

El doctor Mejía guardó silencio esperando que Sofía reaccionara. Ella se incorporó de la camilla donde el médico la había acostado y reclamó una respuesta.

—Doctor, tengo más de seis meses de estar de médico en médico sin que sepan lo que tengo. Siempre he pensado que es algo malo, pero su silencio me hace temer lo peor.

—No se asuste que de esto no se muere nadie. Su enfermedad es delicada, pero su vida no está en peligro. Sobre todo, si controlamos los estados depresivos que puedan causar que se abandone y no quiera comer. Mire lo delgada que está.

—Por favor vaya al grano. No se da cuenta de que estoy desesperada.

—Lo que usted tiene se llama agorafobia con ataques de pánico.

—¿Qué es eso?

—Se trata de miedo a estar en lugares o situaciones donde la salida pueda ser difícil. En estos casos, la persona experimenta vértigo o temor a caer en una sensación de irrealidad, miedo a perder el control de la vejiga o de los intestinos o a vomitar. También se niega a viajar y siente una intensa ansiedad cuando se encuentra en supermercados, auditorios, aglomeraciones o transportes públicos.

—Doctor, ¿y qué es lo que me causa esa enfermedad?

El doctor Mejía se incorporó, pensó unos instantes, luego, levantó el tono de su voz y afirmó.

—Amiga mía, aún no nos hemos puesto de acuerdo en los orígenes del mal, aunque creemos que hay cierta predisposición genética, combinada con factores bioquímicos y traumas.

—¿Se cura esta enfermedad?

—Claro, contamos con tratamientos químicos y con terapias que ayudan a mejorar la calidad de vida del paciente. En esto se ha avanzado últimamente.

—Tengo tanto miedo a enloquecer, o a que me dé un infarto.

—Esas sensaciones son síntomas del ataque de pánico.

—Cuando venía para el consultorio tenía ganas de salir corriendo, en el único lugar que me siento a salvo es en mi cuarto.

—No se preocupe, creo que puedo ayudarla. Desde hoy mismo vamos a comenzar un tratamiento con medicamentos y le voy a recomendar un buen siquiatra.

Ambas mujeres se retiraron del consultorio del médico y llamaron un taxi. En el camino, Sofía estuvo a punto de lanzarse del carro en marcha. Melissa, aterrada, llevaba a su madre sujeta por el brazo y no la soltaba. El conductor, inquieto, las observaba por el espejo retrovisor; tan pronto bajaron, el hombre salió a toda velocidad. Esta fue la última salida a la calle de Sofía. Se encerró en su casa como quien se entierra en vida.

A la mañana siguiente, me llamó y me dijo que había contemplado la idea de renunciar. Sabía el peligro que ella corría y le dije que era una medida inteligente, ya que ella no estaba en las condiciones físicas ni emocionales para emprender un combate abierto contra la corrupción.

Entre los factores que contribuyeron a que Sofía enfermara estaba el de la presión laboral. Tenía tres empleos; sin embargo, su labor como jueza fue lo que más le afectó. Cuando se dicta un fallo, siempre la parte que pierde queda disgustada con el juez. Esas personas si son influyentes se convierten en enemigos peligrosos. Esto cobraba mayores dimensiones en un país en el que entonces el poder se ejercía desde los cuarteles militares. El cargo que ella desempeñaba era codiciado por sus colegas abogados, lo que hizo que en torno a ella se creara una imagen nefasta, con el fin de perjudicarla y obligarla a renunciar. Fue de ese modo como su jefe se convirtió en un conspirador, el más solapado y peligroso. Todo esto contribuiría a desatar la enfermedad que la obligaría a permanecer prisionera del temor.

En la penumbra de su recámara, Sofía redactó su renuncia y la envió a la oficina para que se la entregaran al jefe. El perverso funcionario sonrió complacido y consideró el hecho como una victoria personal. De inmediato ordenó archivar el expediente que había abierto en contra de Sofía y mandó a llamar a quien había de reemplazarla: una marioneta sobre la que tendría todo el control desde ese instante.

CAPÍTULO 2

Cinco años después de su renuncia, Sofía no experimentaba una mejoría. Yo me había trasladado para la ciudad capital y la comunicación era ocasional. Aunque nos escribíamos, ya no era lo mismo. El primer año viajé tres veces a visitarla, al año siguiente solo pude hacerlo una vez.

Había llegado un día antes de la capital. Era un 8 de diciembre, fecha en que Panamá celebra el Día de las Madres. Detuve el automóvil y caminé hasta la puerta de la residencia de Sofía. Tan pronto pulsé el timbre, escuché unos pasos; era ella, quien me recibió con la misma alegría de tiempos anteriores. La encontré arreglada, como si fuera a salir a una elegante reunión y eso me animó, percibía en ese detalle cierta mejoría. Vestía un juego de pantalón, ancho, estampado con colores rojo y amarillo, resaltando su piel blanca. Era bella, sonreía con los labios entornados dejando ver una boca de dientes blancos y perfectos. Sus ojos verdes eran vivaces y expresivos, sus cabellos rojizos, rizados y abundantes. Era una mujer que, a pesar de su enfermedad, se mantenía joven.

Me acerqué para saludarla. Me recibió con un fuerte abrazo y una amplia sonrisa. Admiraba la capacidad de Sofía de sobreponerse a la desventura. El tiempo a su lado pasaba casi sin advertirlo. Ella era buena anfitriona, los chistes que contaba eran de los más graciosos, el tono de su voz semejante a un cascabel. Era difícil imaginar que esta mujer pasaba días y días sumidos en la más lamentable de las depresiones.

Desde que nos conocimos nos tratamos como hermanas; aunque Sofía era más joven, siempre tuvimos intereses en común. Mi madre la quería como a una de sus hijas. Cuando Sofía se casó, mi madre fue su madrina de bodas. Cada vez que ella tenía algún problema, ella la aconsejaba.

Sofía me invitó a sentarme y comenzó a conversar sobre los temas obligados del pueblo. En ese momento reparaban las calles y le comentaba que ese era el precio del progreso y lo incómodo que era desplazarse, pues muchas vías estaban cerradas.

Observé a Sofía ausente.

—¿Cómo te has sentido? ¿Has podido superar tu problema?

—No es fácil, esta enfermedad es tan compleja. No solo tengo que luchar con la enfermedad, sino con la incomprensión de la gente.

Sofía guardó silencio, su rostro se ensombreció por la tristeza de sentirse víctima del desconocimiento de las personas que le ponen calificativos despectivos a conductas que no entienden. Me dijo que cuando ella manifestó sus primeros cambios de conducta fue tachada de rara, la gente nunca imaginó lo enferma que estaba.

Para la mayoría de las personas, la normalidad es un asunto de consenso. Hay situaciones gobernadas por el sentido común y otras situaciones se van imponiendo, la gente cree que debe ser así y la actitud colectiva las va asignando sin que nadie se atreva a cuestionarlas, simplemente hay que comportarse así. Lo aceptan y asunto resuelto. Cuando una persona es diferente, para no ser excluida y calificada de perturbada, procura ser igual a todos; al forzarse a ser igual vienen las neurosis y las sicosis, las que nos pueden convertir en verdaderas dementes, por no tener el valor de conservar la personalidad propia.

Me aproximé a Sofía y dije:

—No quiero caer en lo mismo. Necesito que me expliques lo concerniente a tu enfermedad, pienso que puedo ayudarte si comprendo qué es lo que te está pasando.

Ella se levantó de la silla, buscó un vaso de agua y se lo tomó despacio. Respiró profundamente, como para captar la energía necesaria para iniciar el relato de su terrible mal. Me contó que sufría de agorafobia y me repitió la información que le había proporcionado su médico. Al escuchar sus explicaciones, de inmediato me di cuenta de que estaba bien informada de su problema de salud. Esto me pareció conveniente porque cuando el paciente se interesa por conocer su enfermedad deja de ser parte del problema para convertirse en factor activo de la curación. Me incorporé en la silla y pregunté:

—¿Saben los médicos cuál es el origen de esta enfermedad?

—Sí, lo saben, aunque les tomó varios meses averiguarlo. Ellos me explicaron que es una combinación de factores genéticos, alteraciones bioquímicas, además, de algunos traumas sicológicos.

Conversamos por varios minutos, tratando de encontrarle una solución a esa situación tan asfixiante e insoportable. No tenía secretos para conmigo, sabía de sus sufrimientos, de lo difícil que habían sido las limitaciones económicas y los esfuerzos que hicieron su abuela y su padre por educarla.

En nuestra conversación revisamos las posibles causas de esa enfermedad y conversamos sobre los sufrimientos involucrados y que habían incidido de una manera directa en el agravamiento del síndrome de pánico. Intuí que, a pesar de los pronósticos no alentadores, podía ayudar a mi prima. La liberaría, a como diera lugar, de esa terrible cárcel.

Había algo en Sofía que me desconcertaba una gran admiración; por un lado, su valor para enfrentar sin el apoyo de su esposo un mal tan terrible y, por el otro, la indefensión que ella reflejaba. Eran tan antagónicos esos comportamientos, uno era producto de la mujer maravillosa que siempre fue y el otro la secuela implacable de un padecimiento aterrador y desconocido.

Temía que Sofía se resignara a su suerte. La resignación es un rasgo característico de los pacientes deprimidos. Me levanté y caminé por la terraza de su casa. No sabía cómo ayudarla; sin embargo, tenía la fuerza y la determinación necesaria para hacerlo. Me acerqué a Sofía. Ella levantó la cabeza.

—Elena, cada vez que reflexiono sobre mi vida, lo único que veo es sufrimiento, no deseo continuar, me da miedo. Mi pasado ha sido doloroso, mi presente y futuro son aterradores.

—Sofía, cuando te duela mirar atrás y temas mirar al frente, mira a tu lado, allí estamos todos los que te queremos.

Sofía sonrió. Además, de la tristeza que se advertía en el fondo de sus ojos, también se podía apreciar un velado conformismo.

—¿Estás dispuesta a luchar por recuperarte?

—No estoy lista para esa lucha tan feroz, estoy enferma.

Pude palpar el sufrimiento de la angustiada mujer, pero sabía que algunas personas no hacen algo para eliminar el dolor de sus vidas porque no se creen merecedoras de la felicidad. Otras prefieren cualquier cosa antes de enfrentar los desafíos que implica el cambio. Debía hacer que Sofía reaccionara.

—Cuando menos lo esperamos, la vida nos enfrenta a un desafío que pone a prueba nuestro coraje y nuestra voluntad. En ese preciso momento no sirve decir «no me siento preparada» o «estoy enferma». Decide si aceptas o no tu destino. Es un asunto de control y elección, es una decisión. Tenlo presente.

Una luz inexplicable brilló en sus ojos verdes, una luz que nació de la esperanza, sentimiento que nunca la había abandonado, aun en los momentos en que caminaba bajo la sombra de la enfermedad y el desánimo.

La fe también contribuyó a sostenerla en las peores crisis. En varias ocasiones, cuando enfrentó situaciones amenazantes, como la exaltación física del pánico y el abismo de la depresión, no hubiera sobrevivido sin su fe en Dios. Había pasado noches oscuras, agonías lentas, soledades y depresiones con sus consecuentes desamparos y desventuras; sin embargo, en esos momentos, el amor a Dios y a sus hijas le permitió luchar y no abandonarse a pesar de sentirse tan débil y desesperanzada.

Repetí la pregunta; Sofía, quien se mantenía en silencio, afirmó.

—Nunca voy a perder la esperanza, ella me ha mantenido viva todo este tiempo. Además, estoy segura de que, algún día, podré controlar las manifestaciones de mi enfermedad. Me gustaría que fueras tú quien me ayudara.

La abracé y respondí.

—En todo momento contarás conmigo. Vamos a trabajar duro en tu recuperación. Aunque no podamos vencer del todo a este flagelo, estoy segura de que lo controlaremos para que logres superar las manifestaciones que te mantienen confinada a estas cuatro paredes. Recuerda que quien vence la pena se hallará siempre libre de ella.

La expresión del rostro de Sofía se había transformado; sin embargo, no me hice ilusiones. Sabía que las personas deprimidas en ocasiones se inflan de entusiasmo y cuando se presenta el desaliento se desinflan sin más ni más. No obstante, en estos casos hay que ser perseverantes y comprensivos para no maximizar las angustias y presiones que sufren estos pacientes.

En ese preciso instante llegó Melissa. Era una muchacha alta, de piel blanca, cabellos dorados, ojos verdes, tan bella como su madre. No solo había heredado el aspecto físico de su progenitora, sino su fortaleza. Siendo una adolescente tuvo que luchar a brazo partido para ayudar a su madre a soportar tan cruel enfermedad. Era su aliento en los momentos de desesperación y soporte cuando desfallecía y no podía mantenerse en pie.

Melissa había sufrido uno a uno todos los tormentos y padecimientos que experimentaba su mamá, varias veces sintiéndose impotente, pero sin dejar de estar siempre a su lado. Sofía no hubiera sobrevivido sin la ayuda y el apoyo de sus hijas. Ellas fueron su sostén en los momentos más espinosos, el refugio en sus momentos de dolor y el consuelo en las prolongadas depresiones, en las que llegó a pensar que no valía la pena seguir viviendo.

De una de las habitaciones salió Vielka, su otra hija, de piel cobriza clara, cabellos negros, ojos profundos y expresivos que se abrían con cierto asombro, como si descubrieran por primera vez todas las cosas. Esos ojos abiertos al mundo, iluminados por una gran alegría, estaban enmarcados por un rostro lleno de bondad. Las dos hermanas se complementaban en virtudes; una fuerte y valiente, la otra tierna y cariñosa. Sofía tenía en sus hijas todo lo que necesitaba para superar su desventura. Era la ley de la compensación.

Reunidas en la sala, conversamos por varios minutos, mientras observaba cómo las hijas de Sofía atendían a su madre. De algo estaba segura: Dios no abandona a nadie, no todo estaba perdido. Si todas las personas que queremos a Sofía, trabajáramos por su recuperación, estoy segura de que lo lograremos, me dije para mis adentros.

Sofía se asomó a la ventana y observó que un auto se detenía. De inmediato reconoció a Daniel, su esposo. Palideció y un ligero temblor le recorrió todo el cuerpo. Advertí su turbación.

El hombre entró y me saludó con timidez, caminó con premura y se fue directo a su recámara. Sofía respiró más tranquila. Ella temía que su esposo me hiciera una grosería. Más de veinte años en esa angustia cada vez que recibía una visita. Sabía que era capaz de largar a los visitantes y de comportarse como todo un bárbaro. Recordó que en una ocasión la visitó una amiga y él le dijo que tenía cinco minutos de plazo para que se fuera. Si no, él la echaría. Víctima de la peor de las angustias, Sofía le había pedido a su amiga que se retirara.

Me senté al lado de Sofía e intenté fortalecerla.

—Lo único importante en estos momentos es tu rehabilitación. No permitas que nada se interponga.

Nunca confié en Daniel; recuerdo el día que Sofía me lo presentó: él no me miró a los ojos. Sofía, en búsqueda de ese amor que toda persona solitaria anhela, se enamoró del hijo único del jefe de su padre. Puso en él todas sus ilusiones y una vez más la vida le jugó una mala pasada. Daniel, era un hombre sombrío, introvertido y celoso; todo lo opuesto a Sofía. Ella era alegre, risueña, extrovertida y con gran capacidad de liderazgo. Él sintió envidia por los logros de la mujer que eligió como esposa. Sofía en un inicio no percibió estas diferencias. Cuando las mujeres se enamoran, piensan que el hombre que ellas aman va a cambiar cuando se convierta en su esposo. Las personas no cambian; en el mejor de los casos mejoran un poco.

En el caso de Sofía, las cosas se complicaron todavía más después del matrimonio. Con su enfermedad los problemas en el hogar se agudizaron, a pesar de que ella trató de salvar lo insalvable. Las discusiones, los gritos, las amenazas eclipsaron la felicidad de ese hogar. Sofía se refugió en el trabajo, en la atención a sus hijas, pero el tiempo pasó y las heridas que provocó la relación se hicieron cada día más lacerantes. Esa unión que hubiera podido ser feliz se convirtió en un infierno sin salida. Qué escaso es nuestro poder para construir puentes que zanjen las distancias que nos separan. Sofía y Daniel vivían juntos físicamente, pero a una gran distancia emocional.

Sofía consideraba los actos de violencia como hechos normales y se responsabilizaba a sí misma de ser la provocadora de esas situaciones. Lo peor es que estos delitos son tratados por las autoridades como asuntos privados y la gente que los conoce y no los denuncian y alimentan la impunidad de los agresores.

La condición de mi prima me preocupaba; no obstante, siempre esperé un desenlace traumático. Sofía vivió una rutina desestabilizadora, de sus múltiples trabajos a su casa, cumpliendo varios roles: el de madre, el de esposa, el de profesora, el de juez y el peor de todos, el de víctima.

Junto con Sofía y sus hijas analizamos la situación y llegamos a la conclusión que ellas eran víctimas de un proyecto de vida mal estructurado. Les dije que cuando las personas forman una familia improvisadamente, casi siempre fracasan en su intento de forjar un hogar. Se preparan académicamente para ganarse la vida, pero no para vivir la vida en armonía. Por esa razón vivimos en un caos permanente y la animé a que buscáramos juntas una salida.

La puerta se abrió bruscamente y Daniel salió rumbo a la calle. De inmediato todo volvió a la normalidad. La tensión anterior desapareció de los angustiados rostros de Sofía y sus hijas. Estaba interesada en que ella confrontara, de una vez por todas, su enfermedad; sin rodeos le pregunté:

—¿Te está viendo un siquiatra?

Sofía bajó la cabeza y su rostro se consternó. En un pueblo pequeño, las personas que se atienden con siquiatras son consideradas locas de atar. Ella sabía que algunas veces esas personas, que son calificadas de dementes, están más equilibradas que algunos que andan en las calles o que rigen desde el gobierno los destinos de las naciones. Se levantó de su silla.

—Sí, me están atendiendo varios médicos y entre ellos hay un siquiatra. El mismo neurólogo y el cardiólogo sugirieron que me atendiera también un especialista de la conducta. El equipo que intenta ayudarme es completo, pero en ocasiones, es más importante el apoyo que puedan dar las personas a tu alrededor que toda la terapia y farmacología juntas.

Sofía hizo una pausa para tomar aliento, extenuada; su lucha por sobrevivir había sido encarnizada. En ocasiones, pensaba que no tenía fuerzas para continuar. Sin embargo, en medio del cansancio, del desaliento, siempre acudía la esperanza y ese sentimiento era un regalo de Dios en medio de la desventura.

Me despedí y ella me prometió enviarme un relato de los acontecimientos de su vida, ambas pensábamos que allí estaban algunas claves del mal. Me explicó que por recomendación del siquiatra había escrito un resumen sobre la vida de sus abuelos y sus padres. Le pedí que también me contara esa parte de su vida de casada que yo desconocía. Me respondió que esa misma noche haría un resumen y me lo enviaría.

Al día siguiente, en la recepción del hotel, me entregaron un sobre grande, herméticamente cerrado. De inmediato reconocí la letra de Sofía, por lo que regresé a la habitación y procedí a abrirlo.

Dentro del sobre encontró varios sobres pequeños. Todos ellos tenían un título. Sofía había separado por sección las diferentes etapas de su vida. Encontré información sobre los abuelos, seguido por información de sus padres, experiencias de la niñez y otros datos que en un inicio no me parecieron relevantes, reiteraban aspectos que ya conocía.

Un sobre entre todos llamó mi atención. Venía titulado en rojo y decía: «Bajo ningún concepto abras este sobre hasta el final de nuestro proyecto». Adjunto a los sobres había una carta escrita con tinta roja. Comencé a leer aquella letra irregular que decía: «Que la curiosidad no te venza querida prima. Esta revelación distraería tu atención y pasaría inadvertida información importante por el impacto de esta. Al concluir el análisis de mi vida podrás develar el misterio que encierra este sobre, hazlo cuando llegues a Panamá, de esa manera tendrás todos los elementos de juicio para ayudarme. Sé que eres una mujer con una gran disciplina y has alcanzado un nivel de evolución por encima del común de la gente. Por esa razón te envié estos archivos. Al principio pensé remitirte los demás y dejar este para cuando estuviera mejor de salud. Pero en la vida una debe estar preparada para cualquier eventualidad».

Interrumpí la lectura y respiré profundo. Tomé un vaso de agua y continué: Si me sucediera algo, tú, mi querida «hermana» podrás terminar este proyecto y beneficiar con tu trabajo a otras familias que han sufrido tanto o más que nosotras.

No salía de la sorpresa, ¿cuál era el misterio que guardaba ese último sobre? Sentí unos deseos irresistibles de abrirlo y enterarme de una vez por todas del contenido; no obstante, Sofía confiaba en mí y no podía defraudarla. Una inmensa ansiedad se apoderó de mí. Iba a ser una verdadera tortura seguir las indicaciones; sin embargo, ella tendría justificación para hacerme ese pedido y yo seguiría sus instrucciones.

Otra cosa me perturbó y fue el hecho que Sofía pensara que le podía suceder algo malo. ¿Será que teme por su vida? ¿O tal vez se trate de un temor a perder el control de su mente? ¿O a morir de tristeza y melancolía? Fueron tantas las interrogantes sin respuestas que llegaron a mi mente que por primera vez en todo este tiempo tomé conciencia del peligro. Mi única intención era ayudar a Sofía, pero al limpiar viejas heridas promovía riesgos, porque el dolor saldría con la misma virulencia de cuando fue infligido. Tendría que comunicarme con ella para preguntarle si estaba dispuesta a correrlos. Marqué el número de teléfono de Sofía. Ella misma me contestó. Le informé que había recibido los sobres y que había quedado alarmada.

—No quiero que mi ayuda pueda resultar perjudicial. Percibo en ti angustia y miedo. Quiero que sepas que mi única intención es encontrar y resolver el motivo o las causas de tu problema emocional. No obstante, si tú no estás dispuesta a correr ese riesgo, lo dejamos así.

Sofía me contestó con un tono moderado y tranquilo.

—No tienes por qué perturbarte. Ya he evaluado las ventajas y las desventajas de nuestro proyecto y estoy dispuesta a correr el riesgo que sea necesario y encontrar la forma de resolver esta situación. Cualquier cosa que pase tú no serás culpable. Además, ¿dónde está tu optimismo? No lo pierdas, ahora más que nunca necesito de tu fortaleza moral. Tú has sido un gran apoyo para mí. Que no te contagie mi estado depresivo. Todo va a salir bien. No te preocupes.

Me sentí tranquila después de esa conversación. Ella conservaba cierto reducto de fortaleza, aunque eclipsada por las desdichas y las miserias de una vida familiar llena de abandono, desasosiego y violencia que le habían menoscabado su resistencia, su alegría de vivir y el valor para enfrentarse a esa vida tan difícil y llena de espinas. Podía percibir cómo mi prima vivía atrincherada en su casa llena de inseguridades y temores, llena de contradicciones, pero con un firme e irrenunciable deseo de superar la situación, pues en su corazón se había afincado la esperanza. Cuando ella se adhiere a nuestro ser, vence el miedo, la angustia, el dolor y la muerte, por la sencilla razón que es esperanza de vida. Después de unos minutos de conversación, Sofía se despidió.

CAPÍTULO 3

Con mano temblorosa abrí el primer sobre y comencé a leer. Sofía lo había titulado: «Mis abuelos».

Tenía varias páginas donde describía esa relación de la pareja. Su abuelo era un hombre acaudalado y se dedicaba al comercio. En una de sus visitas al pueblo conoció a su abuela que trabajaba en una abarrotería. Esta joven mujer quedó impresionada con el apuesto señor. Ella era de baja estatura y trigueña, él, blanco y de unos profundos ojos verdes. Su porte era arrogante y su manera de expresarse demostraba una gran cultura. Ella, humilde y sencilla, quedó hechizada con el atractivo personaje.

Al distinguido caballero le llamó la atención el escultural cuerpo de la jovencita y quiso conocerla mejor. Le dijo que su nombre era Miguel Ortiz y que le gustaría ser su amigo. La perturbada muchacha aceptó la invitación y pronunció su nombre, Alejandra. La pareja acordó verse más tarde. Allí comenzó un clandestino y apasionado romance.

A pesar de lo que se empeñaron en ocultar la relación, los familiares de Alejandra se enteraron y no estuvieron de acuerdo. Ellos reconocían que había marcadas diferencias económicas y culturales. Sin embargo, cuando el amor toca a la puerta de los enamorados, los oídos se cierran para cualquier comentario desfavorable. Los padres de Alejandra le prohibieron verse con Miguel, ella desobedeció a sus padres y a escondidas tuvieron varios encuentros.

El amor de Alejandra se unió a la pasión de Miguel y la prohibición enalteció sus anhelos y sentidos. Como una hoguera avivada por el combustible, el fuego los consumió. Alejandra se entregó sin condiciones a Miguel y así mantuvieron una relación secreta por varios meses.

Alejandra cada vez se mostraba más enamorada; sin embargo, a Miguel ya se le estaba pasando el entusiasmo de los primeros meses, por lo que comenzó a evadirse y se quedaba semanas sin visitarla. La pareja vivía en pueblos cercanos, pero en esos tiempos los medios de comunicación eran lentos. Al principio esto no fue obstáculo para que se vieran casi a diario. Ahora parecía que le hubieran alejado el pueblo a Miguel, pues cada día daba más excusas.

Un domingo en la tarde estaba Miguel en su pueblo, conversando en una fonda con unos amigos, cuando de repente vio venir a Alejandra. Se levantó de un salto, ella jamás lo había ido a buscar. Tenía que pasarle algo grave. A pesar de que no la amaba intensamente, la quería y reconocía cuánto ella lo amaba. Se acercó y le preguntó por qué razón había ido a buscarlo.

Alejandra se sentó en una silla cerca de la entrada, estaba pálida y sudaba en exceso. Miguel la imitó y acercando una silla, esperó angustiado a que su novia le diera respuesta. Ella reaccionó y respondió que habían pasado más de tres semanas sin visitarla y tenía urgencia de hablar con él. Luego, comenzó a llorar y entre sollozos afirmó que estaba embarazada

Miguel no podía creer lo que estaba oyendo. «¿Cómo pudieron ser tan irresponsables?», pensó. No sabía qué hacer ni qué decir. Lo que sí sabía era que no iba a casarse con Alejandra. Su familia jamás lo consentiría. Ellos no le permitirían unirse a una mujer pobre e inculta. Le dolía ser cruel con ella, pero tenía que desengañarla.

Alejandra estaba aterrada ante el silencio de su amado. En ese preciso instante comprendió que Miguel evadiría el problema y la abandonaría a su suerte. Su novio la sacó de sus especulaciones, le dijo que nunca le había prometido nada y aseveró que podía hacerse cargo de su hijo, pero que bajo ningún concepto se casaría con ella.

Alejandra comprendió a su novio, casarse con ella significaba perder el apoyo de su familia. No pronunció una sola palabra, se levantó, dio medio vuelta y se marchó. Miguel, paralizado por la impotencia, la dejó partir. El corazón se le desgarró de dolor, pero fue cobarde y no la retuvo.

Alejandra llegó a su casa cinco horas después, sus padres estaban nerviosos con su ausencia y al verla llegar, esa angustia se incrementó al contemplar a su querida hija con el rostro bañado por las lágrimas y presa de la más demoledora de las congojas.

La madre fue la primera en acercarse y pedirle una explicación. El padre esperaba las respuestas en silencio. Alejandra, con voz baja y entrecortada por el llanto, confesó que estaba embarazada.

El padre de Alejandra levantó las manos al cielo como pidiendo una explicación, la madre lloraba en silencio y Alejandra estaba como ausente. No hubo reproches ni violencia. Madre, padre e hija se abrazaron y lloraron por unos minutos. Alejandra fue la primera en separarse para preguntar qué iban a hacer.

La madre fue la primera en contestar y dijo tajantemente que iba a tener a su hijo y que a ese niño no le iba a faltar nada. También le preguntó si Miguel iba a rehuir el compromiso.

Alejandra levantó la cabeza, su rostro estaba ausente de expresión y con voz firme expresó que él no se iba a casar con ella, pero que sí iba a reconocer y a mantener a su hijo.

El padre de Alejandra, que había guardado silencio, casi gritando, dijo que si ese miserable no se casaba con ella, él no quería que se le aceptara un solo centavo. Alejandra asintió con la cabeza y dio por terminada la conversación; se retiró sin despedirse, estaba exhausta. Se dirigió a su habitación y permaneció allí por varios días. Su madre le llevaba los alimentos y la bandeja regresaba casi intacta.

Una mañana, temprano, el padre de Alejandra entró en su habitación y desde la puerta le dijo que no continuara en ese estado, que tenía ser valiente, que saliera de su cuarto y se alimentara, porque no deseaba tener un nieto enclenque.

Alejandra se sorprendió, era la primera vez que su padre se refería al bebé como su nieto. Se levantó de un salto de la cama y abrazó fuerte a su padre y le dijo que la perdonara, que amaba tanto a Miguel que se había vuelto loca y le prometió que, de ahora en adelante, no iba a tener queja de ella. A partir de esa fecha, Alejandra hizo su vida de antes. Los comentarios maliciosos del pueblo al principio la molestaron, pero sabía que podía superar la maledicencia del entorno y seguir adelante.

Pasaron los meses hasta que llegó el día del parto. Era como la una de la madrugada cuando le vinieron los dolores. Llamaron a la comadrona del pueblo a la casa y el parto se desarrolló con normalidad. Tres horas después nació un hermoso niño de diez libras. Cuando Alejandra lo tuvo en sus brazos y lo observó, lloró, era igualito a Miguel. Lo que más le entristeció fue que el padre del niño jamás la visitó ni preguntó por ella. El abandono de Miguel la había sorprendido porque nunca pensó que se comportara de esa manera.

Una tarde, cuatro meses después, Alejandra estaba en el portal de su casa cargando a su bebé cuando su madre llegó a toda prisa, jadeando y con voz entrecortada por la emoción manifestó que Miguel había venido a conocer a su hijo.

Alejandra no movió un solo músculo de su semblante; parecía estar petrificada por el impacto de la noticia. Apretó el bebé contra su pecho como temerosa de que Miguel se lo quisiera arrebatar. Miguel entró sin saludar y se acercó a la perturbada madre, le tomó una mano entre las suyas y le dijo que quería conocer a su hijo. Alejandra le mostró el bebé y Miguel entre risas y llanto dijo que era igualito a él. Ella le contestó que sí era cierto, pero que él lo había despreciado y que no tenía ningún derecho.

Miguel le contestó que estaba equivocado, que había sido cobarde, pero que había recapacitado y con la intención de disculparse le contó que sus padres lo habían obligado a irse al extranjero para que no la buscara. Sin embargo, había regresado y lo primero que hizo fue reconocer legalmente a su hijo. También le dijo que le había puesto por nombre Abelardo, como su abuelo.

Alejandra no pronunció una sola palabra. Por un lado, le alegraba que su hijo llevara el apellido de Miguel, no quería que su hijo fuera un bastardo. No obstante, no sabía cómo lo iba a tomar su padre. Él desde el primer día quiso reconocerlo y ella le pidió que esperara que el bebé estuviera más grandecito para bautizarlo ese mismo día.

Su madre los miraba de hito en hito, estaba temerosa de que regresara su esposo y se formara una trifulca. En ese momento el padre de Alejandra entró sin saludar y preguntó qué hacía ese hombre en su casa. Las dos mujeres guardaron silencio y Miguel de inmediato contestó que había ido a visitar a su hijo, le pidió que conversaran en privado y que le diera la oportunidad de exponerle su punto de vista. El padre de Alejandra lo tomó por el brazo y lo condujo al patio.

Las dos mujeres alarmadas los miraban desde la ventana. Al principio, el padre de Alejandra movía una y otra vez los brazos y a medida que la conversación avanzaba parecieron tranquilizarse. Finalmente, abrazó a Miguel y ambos hombres permanecieron un rato en la misma posición. Alejandra y su madre estaban intrigadas. No comprendieron qué pudo decir Miguel para que este hombre tan resentido lo hubiese perdonado.

Pasados unos minutos, ellos entraron en la casa. La primera en preguntar sobre la conversación fue la madre de Alejandra y su esposo le contestó que no fuera tan curiosa. Alejandra tenía la esperanza de que cuando se fuera Miguel su padre les comentaría algo. No fue así, jamás llegaron a saber qué hablaron. Lo que sí manifestó fue que a partir de ese momento Miguel visitaría al bebé y no quería que ninguna de ellas se lo impidiera.

Así fueron pasando los años y Abelardo fue creciendo. Años después Miguel se casó y tuvo otros hijos. Alejandra permaneció soltera. Hasta el momento no había vuelto a enamorarse. Su hijo tenía dieciocho años y ella vivió para atenderlo y prodigarle todos los cuidados. Abelardo se graduó de escuela secundaria y de inmediato se puso a trabajar. Era bueno para los negocios y desde temprana edad comenzó a ganar dinero. A partir de ese momento le prohibió a su madre recibir dinero de su padre. Había heredado el orgullo malentendido de Miguel. Las relaciones con su familia paterna, Abelardo, las manejaba bien y cuando ellos lo conocieron y se dieron cuenta del parecido con Miguel, lo amaron de inmediato, aunque, Abelardo nunca les perdonó del todo que cuando nació lo rechazaran y lo obligaran a vivir alejado de su padre.

A pesar de que Alejandra vivió para su hijo, este siempre prefirió a su padre, ella lo perdonó, su amor de madre era incondicional. Abelardo también se relacionó con sus hermanos de padre y los apreciaba. Su padre nunca hizo diferencias, es más, Abelardo sospechaba que era a él a quien más quería. De todos sus hermanos, con quien mejor se llevaba era con Humberto. Desde niños fueron afines y siempre compartían sus secretos. Sobre todo los de sus relaciones amorosas. Tenía tres novias y varias admiradoras. Le había contado a Humberto que acababa de conocer a una mujer que vivía en Panamá y que ella lo venía a visitar todas las semanas.

Terminé de leer el primer sobre y abrí el segundo que en letras grandes decía: «Relación de mis padres»:

El idilio que vivía mi padre con esa mujer de la capital tuvo sus consecuencias. Ella salió embarazada y le exigió matrimonio. Él rehusó complacerla, la regresó para su casa sin darle ninguna explicación. Solo le hizo ver que no había forma de presionarlo; sin embargo, le prometió que se haría cargo del bebé. La mujer tomó sus palabras al pie de la letra y cuando nací, conmigo en brazos, se presentó en la casa de mi padre.

Mi abuela no sabía de la existencia de esa aventura amorosa y mucho menos de sus consecuencias y casi sufre un infarto por la impresión. La mujer se acercó a ella y le preguntó que si era la madre de Abelardo. Ella, enmudecida por la sorpresa, no reaccionó. Abelardo se acercó casi corriendo, la mujer depositó la niña en los brazos de Alejandra y le dijo que sostuviera a esa cosa. No les dio oportunidad de recuperarse. Dio media vuelta y se marchó.

Alejandra miró atónita a su hijo, él se dejó caer en la silla más cercana y mi abuela le preguntó que si esa niña era su hija. Le respondió que no entendía la actitud de esa madre que regalaba a su hija como si fuera un objeto. Alejandra le preguntó que si él sabía que esa mujer estaba esperando un hijo. Él asintió con la cabeza y permaneció en silencio por varios minutos. Ella interrumpió el silencio de su hijo y alzando el tono de voz le dijo que cómo había sido capaz de abandonar a esa mujer a su suerte, y lo comparó con su padre. Además, agregó que se avergonzaba de su comportamiento, que cómo era posible que le reprochara a esa mujer el abandonar a su hija cuando él lo había hecho antes de que la criatura naciera.

Mi padre no se defendió, su comportamiento no tenía defensa alguna, además, él todavía estaba bajo los efectos de esa situación tan inesperada. Se levantó despacio y se acercó a su madre para contemplarme. «La niña es preciosa», dijo: Rubia, de piel blanca y ojos verdes. Alejandra lo miró a los ojos y preguntó que si quería cargarla.

Antes que Abelardo pudiera contestar, me depositó en sus brazos. En ese momento, cuenta mi padre que sintió un fuerte estremecimiento. Un calor sofocante le recorrió todo su cuerpo y experimentó una fuerte sensación de alegría, tal vez la confirmación de la paternidad que en esos momentos aceptaba. A partir de ese instante fui su adoración. Permaneció horas conmigo en sus brazos hasta que mi abuela dispuso alimentarme. Mi padre llamó por teléfono a todos los hermanos para anunciarle su paternidad y decirles que yo viviría en su casa. La mayor de sus hermanas le preguntó si había pensado en un nombre para la niña y él repitió el nombre de ella, Sofía. La emocionada hermana gritaba llena de contento, mientras repetía: «No sabes cuánto te agradezco que le pongas mi nombre, será mi consentida.»

Fui bautizada con el nombre de Sofía, los familiares de mi padre estaban encantados conmigo. Todos decían que había sacado los ojos verdes de mi abuelo. Mi abuela se encargó de criarme con la ayuda de su hijo. A pesar de que él seguía igual de mujeriego, se comportó como un excelente padre. Crecí, creyendo que Alejandra era mi madre y Abelardo mi padre. Cuando tuve uso de razón comprendí muchas cosas, pregunté por qué razón mi padre y yo teníamos la misma madre. Mi abuela me explicó que mi verdadera madre se la había llevado Dios cuando nací, pues estaba enferma. Lloré unos minutos, pero después de un rato enjugué mis lágrimas y continué jugando.

Los años fueron pasando y en apariencia era feliz. No obstante, en la escuela las otras niñas me molestaban diciéndome que mi madre era una vieja. Yo les aclaraba que Alejandra era mi abuela y que mi madre había muerto. Era buena alumna, me gradué de escuela primaria con excelentes calificaciones y como premio a mis esfuerzos me permitieron viajar por primera vez a la ciudad capital. Mi madrina me acompañó.

Estaba maravillada con la gran ciudad. Lo primero que pedí fue que me llevaran a una tienda de juguetes. La señora me complació y me compró una muñeca. Feliz, abrazaba con fuerza la muñeca contra mi pecho. Mi madrina me llevó a un restaurante a comer y solicitamos el menú. Almorcé con apetito. Cuando terminamos quería retirarme para conocer la ciudad. Sin embargo, ella insistía en esperar a una persona.

Una mujer elegantemente vestida entró al lugar. Trigueña, atractiva, con el cabello en desorden, recogido hacia un lado, esa formar de peinarse resaltaba su sensualidad. La miré con recelo y pregunté quién era esa mujer que me había saludado. Mi madrina me contestó, sin tapujos, que era mi madre. Me levanté de la silla y grité fuera de mí que mi mamá estaba muerta. La exótica mujer trataba de abrazarme y abruptamente la rechacé. La mujer se enfureció ante mi rechazo y gritó que, aunque no lo creyera, ella era mi madre. No aguanté más, salí del restaurante corriendo seguida de cerca por las dos mujeres.

Mi madrina aterrada, ante su propia osadía, comprendió el mal que había hecho, pero ya era tarde y no había nada que ella pudiera remediar.

Terminé de leer las últimas líneas del relato del segundo sobre. Estaba asombrada. Nunca pensé que mi prima hubiera sufrido tantas desventuras desde tan temprana edad. El sueño me agobiaba y casi no podía mantener los ojos abiertos. Me levanté de la cama y me peiné los cabellos, fui a la cafetería del hotel y me tomé un café para espantar el sueño y así continuar con la lectura del relato. A los pocos minutos regresé a mi habitación. Tomé el próximo sobre y lo rasgué. Había varias páginas. Empecé por la primera, donde continuaba la narración sobre el viaje de Sofía a la capital.

Después de enterarme de la brutal revelación, lloré hasta que mi madrina decidió regresar al pueblo. Al llegar a su casa, le conté a mi abuela Alejandra lo sucedido. Esta reprendió a mi madrina por su atrevimiento y jamás le volvió a dirigir la palabra. Además, se vio obligada a contarme la historia, sin omitir que desde recién nacida mi madre me había regalado. A partir de ese instante, el resentimiento se albergó en mi corazón. Se dice que los niños olvidan rápido, en mi caso no fue así. Arrastré ese rencor como un reo arrastra las cadenas de una cruel condena.

Para que yo olvidara ese incidente tan terrible, Alejandra me permitió pasarme unos días con mis tías paternas. Me encantaba la casa del abuelo: de construcción rústica, pisos de baldosas rojas y techo de tejas, una amplia sala con muebles de caoba al estilo del siglo XIX. Lo que más llamaba mi atención era el piano blanco donde mis tías ponían de manifiesto su arte y destreza. Cuatro amplias recámaras y un inmenso comedor; sin embargo, el lugar donde pasaba más tiempo era la biblioteca, allí leía tanto a los escritores clásicos como a contemporáneos. El patio tenía árboles frutales, pero no tenía cerca. En una ocasión, el abuelo me comentó que él era como el viejo león que orina para delimitar su territorio.

Al terminar las vacaciones regresé a casa y Alejandra me recibió con alegría. No me gustaban las comparaciones, pero tenía que reconocer las diferencias económicas de mis familiares. La casa de Alejandra era de espacio reducido, ventanas viejas, en ocasiones, había que cubrirlas con hojas de zinc. El baño compartido por tres familias más. Así vivíamos, en la más lamentable de las pobrezas. Con mi regreso, retornó el dolor de saberme abandonada por mi propia madre. Siempre pensé que estaba muerta y la extrañaba, ahora que sabía que estaba viva, ya no la extrañaba, la aborrecía y no deseaba verla nunca más.

Los años fueron pasando entre penas, tristezas, incomprensiones y los desaciertos. Los silencios llenaron mis espacios vacíos y a partir de ese momento comencé a sentir la imperiosa necesidad de abandonar la casa donde vivía con mi abuela y mi padre. Era obvio que tampoco deseaba vivir con mi madre biológica. Me hubiera gustado mudarme a un lugar lejano donde nadie me conociera ni me cuestionara, pero la vida no es así de fácil. Me tocó quedarme en un pueblo chico sin grandes oportunidades.

Con el tiempo, la situación económica de mi padre mejoró y construyó una casa cómoda y más acorde con su posición. Decidió casarse y llevó a Mercedes, su joven esposa, a vivir con nosotras. La situación, ya tensa por todos los problemas, se complicó mucho más. Desde el primer día Mercedes me odió. Se sentía celosa de la predilección que mi padre me profesaba. Ella tuvo tres hijos varones. Por más empeño que puso, su deseo de tener una niña se vio frustrado. Esto hizo que su resentimiento hacia mí se exacerbara haciéndome la vida imposible.

Mis hermanitos me querían, pero esto no fue suficiente para compensar el inmenso sentimiento de rechazo que mi madrastra me demostraba a cada momento. La convivencia se convirtió en un infierno. Trataba de permanecer el mayor tiempo posible en la calle y mi padre me reprendía por esa conducta.

En una ocasión le expliqué la situación y lo que conseguí fue que él, por primera vez en su vida, me gritara y amenazara con golpearme. A partir de este incidente no volvió a hablarme de ese asunto, no obstante, mis escapadas de la casa continuaron.

Mi padre trabajaba con un hombre importante del pueblo, le administraba los negocios y le buscaba clientes. Esto hacía que tuviera que viajar constantemente. Como consecuencia de esos viajes, él volvió a su comportamiento de mujeriego. Mercedes se enteraba de todas sus aventuras y era yo la que pagaba los platos rotos. La indignada mujer no se atrevía a reclamarle a él por temor a que este la dejara.

Visitaba a diario a mi padre en la oficina y allí conocí a Daniel, hijo del jefe de mi papá. En ese tiempo tenía quince años. Mi abuela me cuidaba, temerosa de que en mí se repitiera la historia de ella y mi madre. En verdad, yo no estaba enamorada de nadie en particular, estaba enamorada del amor.

Daniel, desde que me conoció, quedó impresionado y a las pocas semanas me pidió que fuera su novia. Acepté, era tanta la tristeza y el martirio que tenía que soportar, que creyera que esa relación sería el aliciente que necesitaba para vivir sin amarguras. Así comenzó un romance que duraría años de años.

Al terminar de leer esta frase, suspendí la lectura y recordé que la relación de mi prima siempre me había parecido de lo más extraña: no parecían novios, sino compañeros. Sofía casi nunca hablaba de él y Daniel tampoco la mencionaba. Así pasaron los años en una relación que parecía a simple vista aburrida. Por lo menos, esa era la impresión que yo tenía. Después de esos recuerdos continué con la lectura:

Me gradué de escuela secundaria y decidí estudiar leyes en la ciudad capital. Todos se opusieron menos mi abuela. Ella deseaba con toda el alma que yo fuera una exitosa abogada. Alejandra logró convencer a su hijo. Además, mi padre comprendía que la relación entre su esposa y yo era cada día más insostenible. Por otro lado, él pensaba divorciarse de su mujer. Cada día la soportaba menos.

Por ese entonces, mi abuela había conocido a Pedro, un viudo con hijos, él se enamoró de ella y aunque ella no lo amaba intensamente, pensó que podía ser el compañero para pasar los últimos años de su vida. Por esa razón se casó y este señor había venido a vivir a nuestra casa con sus dos hijos.

La hija mayor de Pedro, Marieta, desde que llegó a la casa me detestó, la consumía la envidia, yo era todo lo contrario de ella. Era otra piedra más que encontraba en mi escabroso camino. Desde que Marieta conoció a Mercedes se confabularon para molestarme en todo momento. Por esa razón mi abuela se alegró cuando yo le pedí que me ayudara para irme a estudiar a la capital. Ella discutió con mi padre sobre mis estudios y él aceptó que yo viajara a la capital. El día que partí, solo dos personas me despidieron, mi abuela y mi padre. Mis hermanitos estaban jugando en la calle, mientras que Mercedes y Marieta estaban en la terraza trasera celebrando la partida de la intrusa, como me llamaban.

Mi abuela me abrazó, me pidió que estudiara y que me cuidara, que la ciudad estaba llena de peligros. Mi padre me besó varias veces y me manifestó que siempre y en todo momento podría contar con él. Lloré desconsoladamente. «Tendría que acostumbrarse a la soledad», pensé, sin embargo, cualquier cosa era preferible a seguir soportando las majaderías de esas dos arpías.

El primer día que asistí a la facultad de leyes quedé admirada, nunca me imaginé que a la universidad fuera tanta gente. Me había graduado de magisterio y tuve que estudiar para nivelarme con mi grupo. Fuera del ambiente hostil en que había vivido, mi actitud cambió, irradiaba alegría y ganas de vivir y cuando me sentí fuera de la influencia de esas dos malvadas florecí en entusiasmo y satisfacción. De inmediato hice amistad con mis compañeros de la facultad y a las pocas semanas ya no me sentía sola. Viajaba poco al pueblo, estaba limitada económicamente. Sin embargo, me las arreglaba. Mis compañeros y mis amigos más íntimos que conocían de mi situación económica me ayudaron prestándome los libros de estudio.

Pasados unos meses conseguí trabajo para solventar los gastos de mi carrera universitaria. Mi familia me enviaba dinero, pero no era suficiente. En las vacaciones de ese verano viajé al pueblo y, por casualidad, conocí a Ana, la esposa de un primo de mi padre. Desde el primer encuentro me impresionó su personalidad. Conversamos varios minutos y al despedirme, Ana me pidió que la considerara como mi tía. A partir de ese momento ella llenó el vacío que desde niña sentí. Nos llamábamos todos los días por teléfono y conversábamos animadamente. Pronto la convertí en mi única confidente. De las hijas de tía Ana hice amistad con Irma y contigo, las otras dos se habían casado y se habían ido de casa. Entre tú y yo surgió una profunda amistad, no solo te consideraba mi prima, sino mi hermana.

Interrumpí una vez más la lectura y recordé que ya conocía en detalle esa historia. El día que mi madre invitó a Sofía a muestra casa, cuando ella llegó, mamá la abrazó y la presentó como su querida sobrina, hija de Abelardo, primo de mi padre. Sofía se acercó a nosotras y sonrió. La abracé fuerte y le dije que conversáramos sobre nuestros ancestros. Sofía volvió a reír y nos relató la historia de su familia. Nosotras la escuchamos sin perdernos una sola palabra, nos parecía estar oyendo una novela. Cuando ella concluyó su relato, mi madre le dijo que estaba bueno de historias tristes, que de ahora en adelante, no estaría sola, porque nos tenía a nosotras. Sofía tomó una de las manos de mi madre, la oprimió contra su pecho y le expresó que nunca más se iba a sentir sola ni triste.

Seguí con la lectura:

La relación con mi padre fue mejor a distancia, ya no discutíamos, él se había divorciado de Mercedes y ella se había mudado con sus hijos a otra casa. Cuando viajaba de vacaciones, lo único que tenía que soportar era las indirectas y majaderías de Marieta; no obstante, ahora sin apoyo de Mercedes, resultaba casi inofensiva.

Me enteré por mi abuela de que mi padre estaba saliendo con una señora mayor que él. No tenía prejuicios y pensé que si mi padre la amaba era asunto de él, si formalizaba una relación con esa señora.

En la noche, cuando él llegó, trató el tema conmigo y me invitó a conocerla y esa misma noche la visitamos. Nunca me imaginé que la diferencia fuera de tantos años. En apariencia parecían casi veinte años. Además, la dama no era nada atractiva. Me preguntaba qué había visto mi padre en esta mujer. Lo supe después de una hora de conversación. Me di cuenta con el amor que Berta trataba a mi padre. Me imaginaba que él estaba cansado de tanta aventura y necesitaba un amor incondicional en el cual poder descansar.

Observé a mi padre había envejecido, no cronológicamente, sino moral y espiritualmente. Durante toda la visita, Berta se desvivió en atenciones para conmigo y lo hacía no para agradarme, sino con un corazón lleno de amor y bondad. Al despedirme le expresé a Berta que me daría alegría si ellos se casaban. Ella estaba resplandeciente de felicidad.

Dos meses después, ellos se casaron. Vine desde Panamá para asistir a la boda y fui la única invitada, ni mi abuela, ni mis hermanos asistieron. Mi padre estaba triste por la ausencia de su madre y sus otros hijos, pero Berta estaba feliz, su sueño de convertirse en su esposa se había hecho realidad.

Pasaron los años y mi padre se tranquilizó, ya no salía con mujeres y vivía para su esposa. Berta se desvivía por complacerlo y le cocinaba toda clase de platillos deliciosos. Eso hizo que él aumentara su peso y comenzara a sufrir de varias enfermedades, entre ellas la hipertensión.

Mientras tanto, adelantaba mi carrera y me faltaba poco para graduarme de abogada. Vivía en una humilde pensión donde todos los huéspedes me querían. Una noche, cuando llegué de la universidad, la dueña de la pensión me estaba esperando. Tenía tres días de atraso en la renta y pensé que la señora me iba a cobrar. Por eso le dije que al día siguiente le pagaría. Ella me contestó que no me esperaba para cobrarme, sino para darme una razón. No encontraba las palabras para que el impacto de la noticia que tenía que darme no fuera tan devastador. Adiviné que la razón no era buena. Me dijo que me había llamado mi abuela para decirme que mi padre estaba enfermo.

Salí corriendo, hice una maleta y salí sin despedirme para la terminal de transporte. Llegué cuatro horas después a la casa de la abuela. Entre distraída y perturbada pregunté dónde estaba mi padre. La abuela me respondió que, en la iglesia, porque Berta no quiso que lo velaran en su casa y que a ella le tocaba tomar esa decisión, era la viuda. No sabía que mi padre había muerto, al escuchar estas palabras, me puse a gritar fuera de control. Llamaron a un médico que me inyectó y recomendó que me dejaran descansando varias horas.

A la hora de la misa y el entierro mi abuela me despertó. Al abrir los ojos y verla llorando lo recordé todo y comencé a llorar en estado de histeria. Mi abuela tuvo que golpearme en el rostro para que volviera a mis cabales. Me limpié las lágrimas y me levanté para ir al funeral.

Cuando llegué a la iglesia, a las primeras que vi fue a mi tía Ana y a ti. Después del funeral, Ana sostuvo una conversación conmigo, me hizo ver que mi padre me acompañaría siempre y ahora más que nunca debía graduarme de abogada. Ese era uno de sus más grandes anhelos.

Volví a la capital a terminar mi carrera. Un año después regresé con el título. De inmediato conseguí trabajo como asesora legal en el gobierno.

Daniel me pidió que nos casáramos. Teníamos diez años de ser novios y el matrimonio no podía postergarse más. En varias ocasiones, nos disgustamos y un tiempo después nos perdonamos. Entre peleas y reconciliaciones transcurrió esa relación hasta el matrimonio.

La boda fue sencilla y emotiva. Mi madre biológica llegó al pueblo, y cuando mi abuela se enteró de que esa señora iba a asistir a la boda, se negó a acompañarme en ese día tan especial, a pesar de que le aseguré, una y otra vez, que nadie la había invitado. Unos minutos antes de la ceremonia se suscitó una discusión y tía Ana tomó el control de la situación, mi madre me reclamaba la indiferencia con la que la trataba.

Ana se acercó con valentía y decisión, la enfrentó y le dijo que ese era un día feliz para mí y esperaba que ella comprendiera que no podía echármelo a perder, que cualquier asunto desagradable que tuviera que tratar, lo dejara para otro día. Al pronunciar estas palabras, Ana me tomó por el brazo, me abrazó fuerte, afirmó que en unos minutos la ceremonia iba a comenzar.

La boda se desarrolló con normalidad y, al finalizar, los invitados se dirigieron a la fiesta. No hubo viaje de luna de miel y de la fiesta fuimos a nuestro hogar. A la mañana siguiente me desperté con una nueva vida por delante. Confiaba en que sería feliz, pero en eso escuché que alguien me llamaba a gritos, era mi esposo. Me levanté rápidamente creyendo que se trataba de una urgencia. Los gritos venían de la cocina, donde se encontraba Daniel, con gesto de disgusto. Asustada, pregunté qué pasaba. Respondió que estaba esperando que le hiciera el desayuno y que yo todavía estaba tirada en la cama, durmiendo. A partir de entonces empezaron para mí los sufrimientos más profundos, ya que, esperaba que el matrimonio transformara esa relación en una vida en común llena de amor y felicidad. Ese era mi sueño, pero ese sueño, desde el primer día de casados, se convirtió en pesadilla.

Reflexioné en silencio. En la noche Daniel estuvo poco comunicativo, había cumplido con sus deberes maritales, si bien su comportamiento había sido tan poco romántico que para justificarlo pensé que estaba cansado, no obstante, había dormido más de ocho horas y su actitud era la misma. No deseaba comenzar la mañana con una discusión. Le dije que iba a arreglarme y que enseguida regresaría para prepararle el desayuno. Le hice el desayuno y lo devoró en unos segundos. Hasta ese proceder me decepcionó.

Cuando él terminó de comer se fue para la calle sin despedirse y regresó en la noche tan tarde que estaba dormida. Entró tirando sus cosas y encendiendo la luz, eso me despertó. Daniel me dijo que yo pasaba echada en la cama como una verdadera inútil. No me pude contener y pregunté qué pretendía que hiciera a las once de la noche. Daniel no dijo nada, se desvistió y se acostó a mi lado. Me dio la espalda y en menos de dos minutos roncaba. Otro defecto que desconocía. Tardé horas en dormirme, el ruido que hacía Daniel me lo impedía.

A la mañana siguiente, me arreglé y me levanté primero para tener el desayuno listo. Cuando él despertó le dije que la mesa estaba servida. Él no contestó y después de unos minutos me dijo que no iba a comer allí, porque no le agradaba cómo cocinaba, que iría donde su mamá y agregó en tono hiriente que ella sí sabía lo que a él le gustaba.

Me senté a la mesa y comencé a comer, no tenía hambre y solo ingerí unos bocados. Cerca del mediodía todavía él no había llegado. La situación era tan confusa que me arreglé y salí a visitar a mi tía Ana. Esta se alarmó, pues suponía que estábamos de luna de miel. Le expliqué el comportamiento de Daniel y conversamos un buen rato. Ana me recomendó que tuviera paciencia y me dijo que al principio de todo matrimonio había situaciones de ajuste, que si ambas personas cooperaban se podrían adaptar a una vida en común. Al despedirme estaba más tranquila y le prometí poner de mi parte para amoldarme a mi nueva vida.

Los días fueron pasando y la actitud de Daniel fue de mal en peor. Me armaba de paciencia y esperaba en silencio que mi esposo se ajustara a la nueva vida. Pasada una semana, me reintegré a mi trabajo y esto me ayudó a lidiar con esa situación tan molesta y hostigadora. La aspereza en el trato de Daniel se incrementaba día a día y ya no eran solo salidas de tono. Algunas veces sus palabras eran agresivas y amenazadoras. Había algo que no encajaba. Daniel de novio no fue así. Era un poco evasivo y distante, pero nunca hiriente y agresivo.

Una noche me armé de valor y le pregunté qué le había hecho cambiar y agregué que antes de casarnos él no era así. Así cómo, me preguntó. Me alejé un poco de mi esposo, deseaba poner distancia de por medio. Es posible que fuera un instinto inconsciente de conservación y le dije que desde el primer día que nos casamos, él había cambiado. En algunas ocasiones, se había expresado en forma agresiva, hiriente y amenazadora. Que lo desconocía, que ese no era el hombre con quien yo me había casado. Él me respondió que no dijera idioteces, que era el mismo, lo que pasaba es que yo tenía la cabeza llena de ideas románticas y absurdas y que debía enfrentarme a la realidad. Además, me advirtió que nunca más me atreviera a reprocharle nada, que si la forma de ser de él no me gustaba, me largara.

Bajé la cabeza, no podía regresar a casa de mi abuela, ella no lo permitiría, además, sería un escándalo de consecuencias impredecibles. Terminar con un matrimonio antes del mes era algo que en ese pueblo no se podía hacer. Soportaría la actitud de Daniel y trataría de acostumbrarme. En ese preciso momento comenzó la más cruel e indignante de las sumisiones, hipotequé mi autoestima y renuncié a mi dignidad de mujer. Todo por evitar un escándalo y conservar la conducta ejemplar que las personas esperan de una mujer educada.

A medida que iba leyendo la historia me daba cuenta de cómo en los primeros meses del matrimonio de Sofía, la rutina de su hogar fue interrumpida por la violencia intrafamiliar, producto de un hombre abusador. Después, esa misma violencia llegó a formar parte de su rutina. Ella no entendía lo que estaba pasando, ya que el único error que cometió fue el pensar que podía ser feliz al lado del hombre que amaba.

El maltrato, la agresividad, las palabras hirientes y las insinuaciones maliciosas se convirtieron en la rutina dentro de su hogar. Se fue acostumbrando a una normalidad cada vez más sombría. La conformidad y la inercia fueron cubriendo con un manto la violencia intrafamiliar. Pasados unos meses ya no advertía como anormal la conducta de su esposo. Se fue resignando y también se fue enfermando su mente y su corazón.

La sórdida historia de mi prima me hizo reflexionar, ya nada me asombraba, lo que sí no comprendía, era la razón de su sumisión. En lo profesional, Sofía se convirtió en una mujer exitosa. Su esposo lo resintió, él no ha podido descollar en su profesión. Siempre se hallaba bajo la sombra de esa gran mujer. Entre herido y frustrado en su amor propio, su corazón comenzó a lastimar y a rechazar a su abnegada esposa. Los sueños e imágenes doradas de ella se derrumbaron como resultado de tantas desilusiones. Su matrimonio había fracasado, sintió la presión de la violencia intrafamiliar, la sobrellevó y trató de salvar esa relación que se tambaleaba y que ella intentaba sostener a como diera lugar. Entró en un círculo vicioso y fatal. Se produjo una especie de desgarramiento interno que abonó el terreno a la predisposición genética de la enfermedad que sufriría años después.

Mis pensamientos fluían con una velocidad vertiginosa que me obligaban a interrumpir la lectura. Analizando la situación de mi prima, llegué a la conclusión de que la mayoría de los problemas de la sociedad tienen su base en el desmoronamiento de la familia. ¿Cuántos problemas, conflictos e inclusive enfermedades se podrían evitar si nos ocupáramos en resolver los problemas estructurales que tiene la familia y, por supuesto, la sociedad? Hay que buscar la fórmula de romper esa cadena de violencia en que están inmersos gran parte de los hogares en nuestro país.

Los niños abusados se convierten en futuros abusadores. La sociedad los recrimina, pero nadie piensa que ellos en un inicio fueron víctimas inocentes de sus padres y de la sociedad que le importó un rábano con el sufrimiento de esos pequeños infantes que nunca quisieron ni pensaron convertirse en el peor de los victimarios.

¿Cuántos atropellos, violencia, brutalidad y crímenes se tendrán que cometer para que la sociedad despierte? La tarea de rescatar a las familias que viven sumergidas en la violencia intrafamiliar no es fácil, pero es impostergable.

El relato era extenso, comprendí que Sofía recordaba hasta el más mínimo detalle y lo expresaba a modo de catarsis para liberar su alma. Continué con la lectura, tuve que hacer un esfuerzo para entenderle la letra, los trazos eran irregulares y débiles; con ellos seguía contando su rutina:

Esa mañana me quedé dormida y desperté asustada. Daniel dormía plácidamente a mi lado, no lo desperté, como una loca me levanté corriendo para hacer el desayuno. De repente todo me dio vueltas. Traté de sostenerme de una silla que estaba cerca. Perdí el conocimiento y caí pesadamente.

El ruido despertó a Daniel, abrió los ojos y me vio en el suelo sin sentido. Al acercarse se dio cuenta de que yo había sufrido un síncope. No hizo el menor intento de levantarme. Se encaminó hacia la cocina y buscó una jarra de agua. Sin ningún tipo de consideración me la tiró en la cara. Reaccioné de inmediato. Perturbada por la impresión y asustada por haber perdido el conocimiento me levanté, todavía la cabeza le daba vueltas. Me senté en la cama para recuperarme. Daniel me dijo que me dejara de payasadas y que preparara el desayuno.

No respondí, con paso vacilante y un temblor incontrolable en las extremidades me encaminé hacia la cocina para complacer a mi esposo. En la mañana, como a las diez, reservé cupo con el médico. Pasé todo el día preocupado por mi inesperado desmayo.

A las cinco de la tarde fui recibida por el doctor. Le conté lo sucedido, obviando la actitud de mi esposo. Después de un detenido examen físico y ginecológico, el galeno me dijo que no tenía dudas de que estaba embarazada. No necesitaba hacerme el examen de laboratorio, tenía más o menos dos meses y el feto se palpaba con facilidad.

No esperaba esa noticia, recuperada por la sorpresa, le manifesté que no podía estar embarazada, ya que el mes pasado me había venido la regla. El médico me explicó que eso sucedía. Superada la impresión, sentí una inmensa felicidad, pues siempre anhelé tener muchos hijos. Realizar ese deseo era lo que necesitaba para tener un aliciente en la vida.

Un pensamiento empañó mi alegría. ¿Cómo reaccionaría Daniel cuando le diera la noticia? Él nunca había hablado de tener hijos, pero se supone que cuando una pareja se casa y no hay control de la natalidad, eso puede darse en cualquier momento. El médico me sacó de mis reflexiones y me dio las instrucciones para controlar mi embarazo, me hizo hincapié en la importancia de las citas mensuales. Lo escuchaba entre distraída y ausente. El especialista me despidió y le prometí regresar el próximo mes para el control del embarazo.

CAPÍTULO 4

Estaba tan interesada en la información que Sofía aportaba que no me di cuenta de que ya amanecía; sin embargo, continué la lectura:

Al llegar a la casa me extrañé que Daniel me estuviera esperando. Él preguntó qué me había dicho el médico. Me extrañó que supiera que estaba en el médico. Me explicó que cuando llamó a mi oficina la secretaria se lo había comentado. Quedé asombrada. Él nunca había llamado a mi oficina. Luego me dijo que estaba preocupado por mi desmayo.

Me sentí feliz, era la primera vez, después de ocho meses de casados, que manifestaba preocupación por mi estado. Eso me animó a darle la noticia y le expliqué que era normal que una mujer embarazada se desmayara. Daniel, aun sin entender, me preguntó que si estaba esperando un hijo. Con más miedo que alegría le dije que sí. Se levantó y corrió para la recámara. Asustada, no sabía qué hacer y preferí esperar a ver qué pasaba. Entonces lo vi regresar corriendo y dando saltos. Estaba a punto de colapsar cuando por fin lo escuché gritar: maravilloso, voy a ser padre, y me dio las gracias por hacerlo el hombre más feliz de la tierra.

Estaba paralizada por la sorpresa, Daniel se acercó, me tomó por un brazo, me obligó a levantarme y comenzó a dar vueltas abrazándome. Comencé a reírme como una desquiciada. Parecíamos dos locos. Pasada la euforia, me prometió ser el mejor esposo del mundo. Entre lágrimas y risas elevé mis ojos al cielo como muestra de agradecimiento. ¿Cuántas veces oré pidiendo el milagro que mi esposo cambiara? ¿Escucharía Dios mis plegarias? Más calmados los dos, comenzamos a hacer planes.

Él me expresó que estaba seguro de que la criatura iba a ser varón y se llamaría Daniel Alejandro, su nombre y el de su padre. Protesté y le dije que estaba de acuerdo con el primer nombre, pero que el segundo nombre lo buscaría yo. Me preguntó que en cuál había pensado. Le respondí que como mi padre. Daniel, divertido, expresó que no iba a discutir, que si tenía un hijo varón estaba dispuesto a ponerle el nombre que yo quisiera, aunque fuera Pantaleón. No puede contener las carcajadas, estaba feliz, era la primera vez después de mi matrimonio que lo veía tan contento.

Los meses fueron pasando y mi embarazo llegó a su término. El día que me dieron los dolores, el más nervioso fue Daniel. Me llevó a la clínica y entré en labor casi enseguida. Tres horas después la situación se complicó y el ginecólogo tuvo que intervenirme. La cesárea se llevó a cabo sin complicaciones y pasadas dos horas el médico salió del quirófano. Daniel se acercó, preguntando: ¿Varón o niña? El médico le respondió que niña. Daniel se dejó caer sobre el sillón y no pronunció ninguna otra palabra. El médico le preguntó si se sentía mal. El especialista le informó que el estado de la niña era bueno y que había pesado ocho libras y media.

Daniel sonrió entre dientes y se encaminó a mi habitación. Al entrar se encontró con Ana. La saludó amablemente, ella había sido su maestra de primer grado. Tal vez su presencia impidió que él demostrara su frustración. Pasados unos minutos, una enfermera trajo a la niña. En general, los bebés recién nacidos no se parecen a nadie; sin embargo, esta nena se parecía a mí. Ana tomó a la infanta en sus brazos y me la mostró. Ese era el sueño de mi vida, convertirme en madre y ser la mejor para que mis hijos nunca sintieran el resentimiento que le profesaba a mi madre biológica.

Cuatro días después fui dada de alta por el médico y Daniel me fue a buscar para llevarme a casa. En el camino le pregunté si se sentía decepcionado por el nacimiento de su niña y él respondió que de todas formas era su hija y la tenía que querer. Esa fue una respuesta ambivalente, pero preferí dejar las cosas así. No estaba dispuesta a que nada empañara mi felicidad. Fueron pasando los meses y Daniel había moderado en algo su comportamiento.

El día que la niña cumplió el primer año la bautizamos con el nombre de Melissa. Tú fuiste la madrina. Ese día se cumplió mi presentimiento. Había una fiesta para celebrar el acontecimiento. Después de la ceremonia los invitados se dirigieron a mi casa, las primeras en llegar fueron tú y tía Ana. Los demás invitados fueron llegando poco a poco. El único que no llegó fue Daniel. Estaba molesta y salí al recibidor de mi casa con la esperanza de ver entrar por la puerta a mi marido. No fue así, los invitados se fueron marchando y Daniel no llegó.

A media noche lo oí llegar y me levanté para recibirlo en la sala. Cuando él abrió la puerta y vio mi silueta, se asustó y preguntó a gritos, molesto, que qué demonios hacía allí. Le respondí que lo estaba esperando. Él me dijo que dejara eso para el día siguiente y que no le viniera con reclamos ni tonterías. Por primera vez en mi vida de casada alcé el tono de voz y le reclamé que cómo había sido posible que no hubiera asistido a la fiesta de su hija. En tono grosero, él me dijo que esas tonterías le aburrían y que no se hablara más del asunto. Llena de coraje le respondí que nunca más se atreviera a dejarme plantada en una actividad de mi hija. No esperé respuesta, parecía una leona defendiendo a su cachorro. Me dirigí a la recámara y cerré la puerta de un solo tirón.

Daniel se sentó en la sala y comenzó a reírse a más no poder. Le parecía tan absurda y divertida mi reacción. Me dijo que me iba a poner en mi lugar, que era la primera vez que me le envalentonaba, además, no tenía ganas de acostarse con una altanera y pasó la noche en el sofá.

A la mañana siguiente, cuando se levantó, ya yo tenía el desayuno preparado, pero él no comió. Me castigó para enseñarme a no desafiar su poder.

Pasaron dos meses y en todo ese tiempo Daniel no me habló, comía solo en la cocina. Mi empleada llevaba meses trabajando en la casa, pero desde el principio sintió predilección por mí. La trataba como una amiga y Noelia correspondía con múltiples atenciones. Con Daniel no era así de diligente y él lo resintió desde un principio. La diferencia la había marcado el trato que le daba, que distaba mucho de ser parecido al mío. Muchas veces la maltrataba con sus groserías e impertinencias. Sin embargo, ella no tomaba en cuenta sus majaderías, solo me consideraba a mí como su verdadera jefa, a él lo veía como un advenedizo.

Una noche, cuando Daniel regresó de la calle, me habló como si nada hubiese pasado. Preferí dejar las cosas así, no fuera a ser que volviera a enojarse y se comportara como antes. Así fueron pasando los años entre disgustos e indiferencias.

No tomé las pastillas anticonceptivas por cuatro meses y en ese tiempo solo una vez tuve relaciones. «¡No podía estar embarazada!!», pensé. Sin perder más tiempo reservé cita con el ginecólogo. Asistí a la cita y como era de esperarse, estaba embarazada. Esta vez esperé varios días para darle la noticia a Daniel. No tenía ganas de oír estupideces. Con lo que no contaba era que él se iba a encontrar con el doctor Gómez. El médico lo felicitó por la buena noticia.

Daniel llegó a casa como endemoniado, gritaba llamándome. Ya me había acostumbrado a sus groserías, por esa razón su conducta no me sorprendió. Daniel me reclamó que cómo era posible que se enterara en la calle que yo estaba embarazada. Le expliqué que esperaba que él estuviera de mejor humor para decírselo. Él preguntó en tono grosero que si no era el padre. En otros tiempos esto me hubiera parecido una ofensa, pero ahora, acostumbrada a las frases hirientes y a las palabras fuera de tono, no me di cuenta del insulto y afirmé, ya lo sabes. Me retiré y lo dejé hablando solo.

Este embarazo fue el peor de todos, lo que comía lo vomitaba y en los tres primeros meses perdí doce libras de peso. El médico preocupado recomendó hacer los arreglos y que me operara para no tener más hijos. Acepté y no le consulté a Daniel. Por primera vez en mi vida le mentí al doctor y le dije que mi esposo estaba de acuerdo.

Llegó a término el embarazo y cuando me dieron los dolores no le avisé a Daniel. Me hospitalicé, el médico hizo la cesárea y aprovechó para esterilizarme. Cuando llegó Daniel, el médico le informó que había tenido otra niña y que había salido bien de las cirugías. Él le preguntó que si se refería a la cesárea. El médico le dijo que, a ambas, y agregó que hablaba de la cesárea y la cirugía para no tener más hijos. Daniel, descontrolado, gritaba que por qué razón me hicieron la operación para esterilizarme.

El médico se dio cuenta de que yo no lo había consultado y como ya conocía su mal carácter, le recordó que yo estaba delicada. Daniel insistía en que él quería tener un hijo varón y que yo solo sabía parir mujeres. El Doctor Gómez se disgustó de la reacción infantil de Daniel y en tono áspero le contestó que el sexo del hijo lo determinaba el padre y no la madre.

Con esta respuesta Daniel se sintió ofendido, el médico había sido capaz de restregarle en la cara su ignorancia. Lo peor de todo era que no tenía argumentos para rebatirlo y por esa razón se fue de la clínica sin despedirse ni entrar a verme. Igual que la vez anterior, solo hizo acto de presencia el día que me dieron salida. Por el camino no me dirigió la palabra y a partir de ese momento solo hablaba para insultarme. Pasaron varios meses y la situación iba de mal en peor. Esa noche quise aclarar con Daniel su comportamiento. Lo que más me ofendía era que a partir de mi regreso del hospital había una separación manifiesta. Él no volvió a hacerme el amor, me ignoraba. Al llegar de la calle, cerca de las once de la noche, Daniel se sorprendió de que estuviera sentada en la sala y me preguntó por qué lo estaba esperando. Le dije que deseaba hablar con él. Me respondió que no tenía nada que hablar conmigo. Me levanté de la silla, me acerqué y le dije que habláramos, que había nada que aclarar y le reproché que él me tratara como a una enemiga y no como su mujer.

Daniel me miró con desprecio y sentenció que yo sería su esposa, pero su mujer no volvería a serlo. No entendía la diferencia y le pedí que fuera más explícito. Entonces él aseveró que si quería hombre lo buscara en la calle y agregó que solo tenía relaciones conmigo con el único propósito de tener un hijo varón y yo me había operado.

Eso era lo último que necesitaba escuchar, para mí era en cierta forma una liberación, no hacer el amor con alguien que se pasaba todo el día agrediéndome y en la noche soportarlo con un único propósito, que hasta ese día pensé, que se trataba de satisfacción sexual, pero ahora que me enteraba de que era con el fin de tener un hijo varón. Estaba tan disgustada y ofendida que quise devolver el golpe y afirmé que me alegraba, ya que, cuando teníamos relaciones, nunca experimentaba placer. Lo único que deseaba era que terminara. Él me insultó una vez más y me manifestó que era frígida. Me reí a carcajadas y le dije que era una mujer normal en todo el sentido de la palabra y tal vez un día se daría cuenta. Lo que pasaba es que él me juzgaba por sus incapacidades.

Daniel levantó la mano con toda la intención de golpearme, pero desquité el golpe y salí corriendo para la recámara. Él trató de entrar a la habitación, pero la puerta estaba cerrada con llave. La pateaba, vociferaba, pidiéndome que le abriera la puerta. Parecía una loca, me reía y le gritaba que se fuera al infierno. El cambio de actitud, de la mujer sumisa, a una que se enfrentaba, exacerbó su violencia al punto de que rugía como una bestia. No era un hombre atlético, por lo tanto, no pudo derribar la puerta. Después de desahogar su furia, no tuvo otro remedio que irse para la habitación de huéspedes. Esa sería su recámara a partir de esa noche, al día siguiente cuando regresó del trabajo, todas sus pertenencias las encontró en ese cuarto.

CAPÍTULO 5

Había momentos en que la lectura me cansaba. Había amanecido y me tomé otra taza de café para despejarme y continuar con la lectura. El escrito seguía contando la vida de Sofía:
Los años fueron pasando entre riñas, violencias, ofensas y resentimiento. Es difícil la convivencia en una familia cuando falta el amor de la pareja, pero es insoportable cuando no hay respeto.

Interrumpí la lectura del relato de mi prima, su confesión me había hecho reflexionar sobre la problemática de la familia en la actualidad. Tres de los pilares fundamentales de la armonía estaban ausentes en esa familia: el amor, la comunicación y el respeto. Hay algunas personas que piensan que la única forma de maltrato es la agresión física, tal vez esa es la más visible, pero el maltrato sicológico es el peor, las heridas quedan en el alma, jamás cicatrizan y terminan por enfermar la mente.

Continué con la lectura:
Daniel era especialista en la violencia sicológica, con cada ofensa bajaba mi autoestima y cada día que pasaba, me consumía por la aflicción. Pálida, envejecida, la piel marchita y reseca me daba un aspecto cadavérico. Había perdido cincuenta libras y pesaba solo cien, cualquiera al verme diría que se trataba de una de esas frívolas anoréxicas que se mantienen a dieta para conservar una esbelta figura. Esto distaba de la realidad, estaba enferma. Ya no resistía mirarme al espejo.
Una vez más interrumpí el relato, una amiga psicóloga me había explicado que el paciente anoréxico sabe que

lo único que puede controlar es su cuerpo, no comiendo o comiendo de más, ya que le es imposible controlar su entorno. Unos días se mata de hambre producto de su anorexia y otros se atraganta de alimentos cuando se le presentan los accesos bulímicos. No me pareció raro que este desorden en la alimentación no hubiera sido advertido por los médicos, la anorexia es una enfermedad más común de lo que la gente se imagina y es retroalimentada a diario, por la sociedad, los medios de comunicación y las propagandas, ya que el que no está delgado «no está a la moda», esto hace encubrirla y posponerle al que la padece su oportunidad de recuperación.

Después de leer la información que Sofía me había enviado, era más fácil comprender algunos de sus comportamientos «extraños». Recordé que en una ocasión la vi comer y me sorprendió que desmenuzara los alimentos en porciones pequeñas, saboreándolos despacio, para finalmente ingerir una escasa cantidad en el mismo lapso en el cual se come una porción normal. No había dudas, ese era un síntoma de anorexia.

Estaba cansada, pero quería continuar, deseaba tener la mayor cantidad de información para así poder ayudar a Sofía. Los ojos se me cerraban, pero seguí leyendo:

Había perdido hasta el deseo de vivir. Si me mantenía con vida era para cuidar a mis dos hijas que no tenían la culpa de mi fracaso matrimonial.

Percibí contradicciones en el relato de mi prima. Aceptaba el comportamiento de Daniel como algo merecido. Ese llanto constante empañaba su culpa, permitiéndole acusar sin objeciones al destino. No tenía fuerzas para oponerse al maltrato, había asumido la posición de víctima sin rebelarse y admitiéndola como un merecido castigo. El abusivo esposo, alentado por esa gran docilidad, continuaba con su conducta agresiva y cobarde.

Daniel día a día se veía más despreocupado. No cumplía con los gastos y me dejaba todos esos compromisos. Tenía que hacer ingentes esfuerzos para solventar las necesidades del hogar y asumí todas las responsabilidades, no quería empañar el nombre de mi familia y que mis hijas tuvieran que avergonzarse. Así fue como me eché esa carga cada vez más pesada sobre mis hombros. Cuando las deudas me fueron ahogando, no tuve más remedio que buscarme otro trabajo. Apliqué para dar clases en la universidad y a las dos semanas me llamaron. La vida se me complicó más, eran dos trabajos que me exigían por lo menos doce horas, además de que ayudaba a mis hijas con las tareas de la escuela y organizaba mi casa.

La información sobre la vida de Sofía me dio las pistas suficientes para concluir que una mente no puede con tantas cosas. Un esposo torturador, dos trabajos de responsabilidad, unas hijas que atender y además, vivir en un pueblo chico donde el comportamiento de su esposo era de conocimiento público, todo eso dio paso al hecho a que ella enfermara.

Cerré los ojos para descansar un rato y dormité como por media hora. Apenas desperté continué con la lectura:

Los malestares de mi enfermedad empezaron con unos fuertes mareos, de inmediato fui al internista. El médico me ordenó unos análisis y los resultados fueron normales, por esa razón me prescribió unos medicamentos para el problema de circulación que aparentemente tenía.

Los eventos desafortunados siempre vienen juntos. Camino a mi casa me detuve en una farmacia para comprar las medicinas. Las tomé por unos días y una mañana, cuando hacía una diligencia de mi trabajo, caí de mis pies. Un buen samaritano me recogió y me llevó a mi casa. Allí comenzó la parte más espeluznante de mi vida.

En una de mis visitas a urgencia me atendió un neurólogo. Pasó varias semanas sin precisar el diagnóstico y yo me sentía inquieta. Me angustiaba cuando salía de mi casa. Daniel me obligaba a ir al trabajo. En la oficina, debido a los ataques de pánico, tenía que ausentarme y regresaba a casa. Ese comportamiento se repitió varias veces y la última vez tuve un paro respiratorio. En ese instante tomé la firme determinación de no salir nunca más de la casa. Creía que la ansiedad experimentada en lugares abiertos me podía conducir a la muerte y en un instinto por conservar la vida decidí encerrarme en mi propio domicilio.

En ese instante alguien tocó la puerta de la habitación y dejé de leer. Pregunté quién llamaba. Una voz extraña me dijo que estaban buscando a Juan. Me asusté y respondí que aquí no había nadie con ese nombre. El señor pidió disculpas y se retiró. Puse la cadena de la puerta y abrí una rendija para observar. En ese momento alguien empujó la puerta con toda la fuerza. Estaba alerta y grité.

—Miserable, no sabes con quién te estás metiendo, te voy a destrozar con mis propios dientes —rugía como una loca, esto hizo que el individuo aflojara la presión sobre la puerta. Empujé con todas mis fuerzas y logré cerrarla. Corrí al teléfono y llamé a recepción. De inmediato llegaron dos empleados del hotel y me comentaron que no habían visto a nadie por los pasillos. No quise entablar una discusión con ellos, me limité a darles las gracias y a cerrar la puerta. Ese acontecimiento me demostró que la situación de Sofía me había afectado y me estaba neurotizando.

Me acosté y recogí los papeles de uno de los sobres que mi prima me había enviado. Había leído los cinco sobres, faltaba el último. Recordé las instrucciones cuando los recibí; sin embargo, no caí en la tentación de leerlo de primero. Al tenerlo entre mis manos observé que estaba despegado de un lado. Lo examiné y sentí una sensación extraña, algo no estaba bien. Sofía me había pedido que no leyera el contenido hasta cuando estuviera en Panamá, que confiaba en mí y en mi discreción. Sin embargo, mi intuición me decía que debía enterarme de inmediato de esa información.

Abrí el sobre y desplegué el papel. La letra era parecida, pero no era igual. ¿Qué pasaba? ¿Será que Sofía se sentía mal y por eso la caligrafía era diferente? Ordené las hojas y me dispuse a leerlas. Había otra cosa que no coincidía, las páginas estaban numeradas. Desestimé ese detalle y continué leyendo:

Querida prima te va a extrañar que el contenido de este sobre no se parezca a los anteriores, pero ese fue mi objetivo para que fijaras tu atención en el mismo. Lo que te voy a revelar no tendría ninguna explicación, sino que hubieras leído los anteriores. Mi vida no tiene sentido, la semana pasada creí que iba a perder la razón y lo más triste es que todavía la conservo, que no te parezcan contradictorias mis palabras. En ocasiones, desearía no tener conciencia de lo que me pasa. Soy una mujer inteligente y sé que mi enfermedad es incurable e irreversible. No deseo seguir viviendo en este infierno hecho de miedo, soledad y silencio. Soy una carga para mis hijas y mi vida no tiene sentido. En mi interior todo es oscuridad y no encuentro la luz.

Tal vez cuando hayas leído esta carta, ya me haya atrevido a tomar esa decisión definitiva de ponerle fin a mi vida. No te sientas culpable, ni pienses que no me ayudaste. Lo que pasa es que nadie puede hacerlo, ni aun Dios con su infinito poder lo ha logrado. Él me ha abandonado y cuando Dios nos abandona ya no hay nada que hacer. Que de mi muerte no se culpe a nadie. Te quiere, Sofía.

Estaba desconcertada por la revelación plasmada en su carta. Comencé a desconfiar, había tantas irregularidades e incongruencias que no me tragué ese anzuelo. Reflexioné, primero que nada y lo más importante, Sofía jamás dudaría de la protección divina. Además, nunca atentaría contra su vida. Me vestí a toda carrera, pasaría por su casa y verificaría si el carro de Daniel estaba en el estacionamiento. Así lo hice, cuando llegué, el estacionamiento estaba vacío. Toqué a la puerta y Melissa me abrió. Entré sin saludar y le pregunté por Sofía.

—¡Tía Elena!

—Despierta a tu mamá, es urgente lo que vengo a tratar.

Sofía había oído mi voz y se levantó de inmediato.

—Elena, ¿qué pasa?

La sujeté por un brazo y le pedí que habláramos en privado. Sofía me hizo pasar a su recámara, cerró la puerta con llave y le pregunté el asunto de los sobres.

—Sí, yo misma te los envié.

—El último sobre no parece escrito por ti.

Le extendí el sobre y Sofía lo examinó, lo leyó, palideció y afirmó bajando la voz.

—Ese sobre no lo escribí yo, ¿qué pasa?

—Sí, tú no lo sabes, imagínate mi sorpresa.

—¿Dónde estará el sexto sobre? Será que alguien los reemplazó.

—Eso es obvio, lo que me preocupa es el motivo que tenga esa persona para que yo piense que intentabas suicidarse.

Sofía guardó silencio, una siniestra idea pasó por su mente, alguien planeaba asesinarla y estaba creando una coartada. Eso la llenó de horror. Adiviné sus pensamientos y quise tranquilizarla.

—No te preocupes, esto debe tener una explicación.

—La tiene, alguien planea mi muerte y creo sospechar quién es.

—No te adelantes prima, es mejor no especular.

—¿No será que escribiste esa carta en un estado de conciencia alterada? Recuerda que estás tomando drogas, tal vez ni lo recuerdes.

—No puede ser, si yo hubiera escrito esa carta, lo recordaría.

—Es sencillo, dime qué contenía la carta original.

Sofía trató de recordar y no lo consiguió. ¿Sería que ella escribió esas barbaridades y no lo recordaba? Me senté a su lado y le pasé la mano por la cabeza. Sabía que detrás de esos olvidos había una censura psíquica.

—Querida, no lo tomes tan a lo trágico. A pesar de que Daniel es un hombre cruel y desconsiderado, no creo que llegue tan lejos, como para planear tu muerte. Vamos a tomar las cosas con calma.

Sofía reconoció que yo tenía razón y accedió a esperar un tiempo prudencial para ver si se acordaba de haber escrito esa carta o si recordaba el contenido del sobre que supuestamente alguien había reemplazado. Me despedí de ella y le prometí estar pendiente. Al salir les solicité a sus hijas que cuidaran a su madre y que si ocurría cualquier cambio me avisaran.

Entré en mi automóvil y reflexioné. No había dudas, el estado de mi prima había empeorado y ya era hora de que tomara cartas en el asunto. Lo peor era que no conocía la forma de ayudarla. No obstante, ya pensaría la manera de hacerlo. Arranqué el automóvil y me fui rumbo al hotel.

Luego supe que Sofía había salido a los estacionamientos, deseosa de poder detenerme para solicitarme que buscara ayuda especializada, pero yo no estaba. Al verse fuera de las cuatro paredes de su casa, no pudo dominar la ansiedad. Un escalofrío de horror recorrió todo su cuerpo, la garganta se le secó, no podía respirar, tampoco hablar para pedir ayuda. Sus piernas le flaquearon y cayó sobre el césped. Su corazón latía con una velocidad vertiginosa, su diafragma se contrajo dolorosamente, el sudor le caía en los ojos y le impedía ver. A lo lejos oía a su hija menor llamarla. No podía responder. No tenía fuerzas para sobreponerse. A punto de abandonarse, recordó que ella había escrito esa última carta.

En el fondo más profundo de su alma, Sofía quería morir y terminar, de una vez por todas, el suplicio que era su vida desde que enfermó de agorafobia. Lo que más le dolía era que iba a morir sin haber vivido, porque lo que ella vivía no era vida, sino una existencia llena de terror y zozobra. Cerró los ojos y oró en silencio: Dios dame la fuerza para vencer el temor y luchar contra esta terrible enfermedad, no permitas que me abandone. Jesús, hijo de David, ¿dónde estás? ¡No me abandones! Hizo un esfuerzo y gritó.

—Dios mío, ¡ten piedad de mí!

Al pronunciar estas palabras, sus dos hijas y Noelia vinieron en su auxilio. La empleada la llevó cargada; pesaba tan poco esa sufrida mujer, que no tuvo que hacer ningún esfuerzo para llevarla hasta la cama. La observó, las costillas se le marcaban bajo la camiseta ajustada, los brazos estaban huérfanos de carne y en su rostro la piel dibujaba cada hueso.

Después de esa crisis, Sofía permaneció por varias semanas encerrada, la angustia producida por los ataques de pánico desarrolla un comportamiento que limita la movilidad en la vida cotidiana. La persona que sufre este mal, trata de encerrarse y se va aislando para encontrar cierto nivel de seguridad.

Luego de unos días llamé por teléfono a Sofía, buscaba la manera de ayudarla.

—¿Cómo te sientes?

—Me siento triste y sola. En ocasiones, he pensado que los que perdemos la alegría de vivir estamos condenados a la soledad.

—No me gusta oírte tan deprimida; te vas a recobrar y quiero que sepas que las personas que recuperan la alegría desde el dolor, jamás vuelven a quedarse solas.

—Tú siempre me das ánimo.

—Ya es hora que afrontes tus miedos, la única forma de eliminar las limitaciones que produce el miedo es enfrentándolo. Sé que esa es una tarea difícil, pero eso no significa que no puedas hacerlo.

—Lo he intentado tantas veces y no he podido conseguirlo.

—Tienes que buscar la oportunidad de expresar tus miedos con la seguridad de que las personas que te queremos te vamos a entender. Además, modifica tus pensamientos y creencias. Aprende a superar ese temor que no te deja funcionar con normalidad.

Sabía que era fundamental que Sofía analizara sus esquemas mentales, sus creencias y su emotividad, para liberar su cuerpo, su mente y su alma, solo así recuperaría la salud. Ella quedó como ausente unos minutos y respondió bajando la voz.

—Estoy tan confundida que ya no sé ni cuáles son mis miedos. Mejor dicho, le temo a todo.

—Cuando dices que le temes a todo, estás generalizando para no definir tus miedos. Siempre he pensado que ese miedo a los espacios abiertos encubre un miedo existente, real y apabullador. El hecho de no reconocer la realidad, negarla e intentar huir de ella es una conducta negativa. Aceptar lo que ocurre es un punto de partida de lo que podrías transformar. No lo olvides.

—Creo que tienes razón, lo que pasa es que cada día

que pasa me siento más aturdida, creo que estoy perdiendo la facultad de análisis.

—Sofía, ¿cuál era el favor que me ibas a pedir?

—Necesito que me consigas ayuda especializada, pero no quiero que Daniel se entere.

—Te refieres a un siquiatra.

—Sí, en eso pensaba. Los que he tenido no me han funcionado.

—Lo que veo difícil es que Daniel no se entere. Tú no puedes salir y si el médico te va a ver a tu casa se puede encontrar con tu esposo.

—Busca la forma, eres una mujer creativa. Sé que encontrarás la manera de ayudarme.

—Así lo haré, no dudes de eso, pronto tendrás noticias mías.

Cuando cerré la comunicación pensé cómo podría ayudarla. Sofía vivía atrincherada en su miedo y eso exacerbaba la conducta cruel de Daniel, que se armaba de cobardía para agredirla. Una idea llegó de improviso a mi mente. Podría conseguir ayuda a través del Internet. Había algunos grupos de apoyo en el ámbito mundial y posibilidades de contactar a un buen siquiatra que se interesara en el caso.

Me senté frente a la computadora, busqué información y envié varios correos electrónicos con los datos clínicos de Sofía. Una semana después comencé a recibir respuestas. Una de ellas llamó mi atención, venía de Algeciras, España. Un siquiatra especialista en fobias me había contestado y se mostraba interesado en el caso de Sofía. En la carta me explicó que estaba haciendo un estudio sobre agorafobia y el caso que le relataba le parecía diferente a los que había tratado.

Recordé que las hijas de Sofía usaban el Internet, pero sabía que mi prima no estaba actualizada. Por esa razón decidí enseñarle. De esa manera no dejarían cabos sueltos y nadie se enteraría del plan de recuperación que tenía para Sofía.

Al día siguiente, bien temprano, volví a visitar a Sofía. Lo primero que le pedí fue que ordenara otra instalación del Internet para la recámara de ella. Le dije que le enseñaría a usarlo para que se pudiera comunicar con un especialista de España interesado en su caso.

—¿No te das cuenta de que mis hijas se pasan horas de horas «chateando»? Así es como le llaman a comunicarse por la computadora.

—Sí, así le llaman, pero tenemos que buscar la forma que puedas comunicarte con ese médico, sin que nadie se entere, ni tus hijas.

—Ya lo tengo, me puedo comprar una computadora portátil y así nadie se va a dar cuenta de cuando la uso.

—Déjame llamar a José Agustín, un amigo ingeniero que vende computadoras, él la puede traer de inmediato. ¿Tienes el dinero? No se puede hacer cheque, alguien podría descubrirnos.

—Sí, tengo el dinero, pero cuando vean la computadora, qué les voy a decir.

—Le dices que es mía, que te la presté para que aprendas a usar el Internet, que es solo un asunto de entretenimiento.

—Me parece que es buena idea.

Permanecí dos días en el pueblo hasta que Sofía aprendiera a usar el Internet. Esa noche logramos comunicarnos con el galeno español y entablamos una interesante conversación. Al principio hablamos con formalidad, pero a medida que fuimos entrando en confianza se estableció una relación franca y amistosa. Leímos la información que se desplegaba en la pantalla.

—Soy Arturo Narváez, siquiatra especialista en fobias, tengo cincuenta y un años, soy divorciado y tengo dos hijos. Ahora háblame de ti. Nos podemos tutear, deseo ser vuestro amigo.

Sofía contestó de inmediato.

—Sí, no hay problema en eso, también deseo ser su amiga. Soy Sofía, tengo cuarenta y seis años, estoy casada y tengo dos hijas.

—Sofía, quiero que me cuentes de tu niñez.

—Preferiría no hablar de eso. No estoy preparada, son recuerdos dolorosos.

—Comprendo, entonces tal vez me puedas hablar de tu relación de pareja.

—No tengo relación de pareja.

—Me dijiste que eras casada.

—Sí, estoy casada, pero no tengo relación de pareja. Desde hace varios años, bueno usted comprende —Sofía no lo tuteó, era prematuro y quiso mantener cierto distanciamiento.

—No comprendo y tendrás que hablarme claro.

—Bueno, quiero decir que no tengo vida sexual activa.

—¿Cuál es la razón? ¿Por tu enfermedad?

—No, eso fue mucho antes de enfermar.

—Entonces.

—Nunca me lo dijo, pasó y no me dio ninguna explicación.

—¿Nunca le preguntaste directamente?

—Es tan humillante para una mujer hablar de eso. Además, él insinuó que solo tenía relaciones para tener un hijo varón.

—¿Te sentiste rechazada?

—No rechazada, sino despreciada.

—¿Se lo dijiste a él?

—Él dejó de hablarme. Solo lo hacía para insultarme.

—¿Por qué razón lo has soportado?

—No tenía alternativas.

—Sí las tenías.

—Creo que lo hice por mis hijas. No quería separarlas de su padre.

—¿Estás segura? ¿No será que tú eras la que no se quería separar de él?

—Es posible, para mí es importante el hogar porque de niña siempre lo añoré y cuando formé este hogar con el hombre que amaba pensé que nunca más me iba a sentir sola. ¿Me comprende?

—Lo estoy intentando, pero para entenderte mejor tendrás que contarme toda tu vida, tus miedos, resentimientos, anhelos, expectativas, todo lo que se relacione con tu vida.

Sofía no contestó y Arturo continuó.

—Ha sido una larga jornada, pero creo que ha valido la pena. ¿No piensas lo mismo?

—Creo que sí. Nunca antes me había abierto tanto a una persona extraña.

—¿Por qué crees que lo hiciste?

—Porque no lo conozco y no le estoy viendo la cara.

—En ocasiones, le contamos nuestros asuntos a un desconocido porque pensamos que este no se va a sentir tentado a juzgarnos. A lo mejor le tienes temor a la opinión de los demás.

—Así es, siempre busco la aprobación de las personas y eso logró marginar mis expectativas y solo complacer a los demás.

—Sofía, ¿dime cuándo continuaremos nuestra charla? Me gustaría conversar contigo por lo menos tres veces a la semana. Te puedo ayudar a recuperar el control de tu vida, esta enfermedad te ha obligado a suspender tu vida e instalarte en el sufrimiento.

—Gracias, doctor, no sabe cuánto se lo agradezco.

—Llámame Arturo, vamos a ser amigos. ¿No es así?

—Así será, hasta pasado mañana.

—Te voy a dar mi teléfono por si antes de esa fecha necesitas hablar conmigo.

—Gracias.

Cuando Sofía cerró la comunicación recordó que su esposo tenía bloqueada las llamadas internacionales. Ella no podría llamar a España, pero le dio vergüenza decírselo al médico.

Observaba complacida la plática que había tenido mi prima en la comunicación con el siquiatra español. Me despedí, segura, de que esa amistad le iba a ser de provecho.

Al salir de su casa, recordé que tenía pendiente una visita a la parroquia del pueblo para también buscarle ayuda espiritual. Al llegar al salón parroquial, me encontré con un joven sacerdote de nacionalidad española. Le expliqué sin entrar en detalles la situación de Sofía y le pedí que la ayudara. Él accedió y prometió verla al día siguiente.

Emprendí el viaje de regreso a la ciudad capital, ya me iba más tranquila, mi prima tenía ayuda médica y espiritual. Unos días después llamé a Sofía para que me contara los adelantos. Me comentó que le había contado al sacerdote toda su vida y sus sufrimientos, que no tuvo reparos, lo hizo en confesión. Le dije que no tenía de qué avergonzarse, ya que no era culpable. También me dijo que mientras conversaba con él había llegado Daniel con sus groserías y todas esas majaderías fueron escuchadas por el eclesiástico. A ella le afectó el comportamiento de su esposo, pero que el sacerdote le dijo que era mejor así porque de esa forma él tenía pruebas de que ella no le había mentido.

—Sofía, ¿Daniel se dio cuenta de que el cura lo escuchó?

—No de inmediato, enseguida se fue para su habitación. Al día siguiente al sacerdote se lo presentaron en una reunión y él le dijo que había estado en su casa visitando a su mujer enferma y se había dado cuenta cómo él la trataba.

—¡Me alegro de que haya pasado esa vergüenza! Él está acostumbrado a la impunidad y que nadie le reproche su conducta.

—Tienes razón, pero creo que la situación está cambiando. Es más, lo he visto receloso y ahora cuando me comunico con Arturo cierro con llave la puerta. Tengo miedo que entre y me sorprenda en pleno «chateo».

—Tienes razón, sé prudente para que no te sorprenda.

Antes de despedirse, Sofía me contó la conclusión más importante en la conversación con el sacerdote. Él le había hablado que había una consecuencia del perdón que quería que analizara y le dijo que el perdón para las personas que tanto la habían hecho sufrir no era una exclusión de sus culpas, sino la liberación del sufrimiento que ella experimentaba. Perdonar a otros no es fácil, el primer paso es perdonarse a sí misma. Escuchaba en silencio los comentarios de Sofía, no obstante, había algo en el tono de la voz que me daba a entender su mejoría. Se le oía más animada y menos retraída.

—Sofía, otro día me comunico contigo. Un abrazo.

—Un beso para ti, no sabes lo agradecida que me siento por toda tu ayuda.

—Lo hago con gusto.

Cuando cerré la comunicación me sentí más tranquila, estaba segura de que ella que iba a recuperar.

CAPÍTULO 6

Entre Sofía y Arturo surgió una relación de amistad estrecha. Todos los días se comunicaban por el Internet y ella le había contado su vida sin reservas ni tapujos. Él no solo la miraba como a una paciente, sino como una mujer sufrida y desprotegida. Esas conversaciones fueron liberando de ese otro miedo, el que le provocaba evocar su triste pasado. Los constantes intercambios de pensamientos, sensaciones y sentimientos hicieron que ella no se sintiera tan sola. Se lo imaginó como un señor mayor y carente de atractivo, sin embargo, a pesar de eso, comenzó a interesarse en él.

Arturo la trataba con amor, él sabía que la génesis del problema de Sofía era su gran necesidad de afecto y, por otra parte, se había encariñado con esa amiga distante y temerosa. Le había puesto un apodo español, la llamaba nena y a ella le encantaba que la mimara. Así fueron pasando los meses y Sofía mejoraba, ya no se veía tan angustiada.

Una mañana, después de hablar con Arturo, se atrevió a sentarse en la entrada de su casa. Su médico cibernético, como lo llamaba, le pidió que se imaginara que él la estaba acompañando. Fue tan placentero ilusionarse con su presencia. Casi sintió que la tomaba de la mano. En ese momento, llegó Daniel y le dijo:

—¡Cuidado que te da el soponcio! Cada vez que sales a espacios abiertos pierdes el conocimiento, ¿o será que eso es lo que buscas?

Sofía se sentía tan feliz, que no tenía ganas de entablar una discusión con su esposo y respondió.

—No me va a pasar nada porque estoy mejor.

—¡Y a qué se debe el milagro! —respondió Daniel

con ironía. —¿O eso tiene que ver con lo misteriosa que estás en los últimos días?

—¿Misteriosa?

—No te hagas la idiota. Tú sabes a qué me refiero. A que te encierras con llave en tu recámara y no le abres a nadie.

Sofía no quiso que sospechara y afirmó.

—Me pongo a leer y no quiero que nadie me interrumpa.

—¿Y piensas que voy a creer que te encierras a leer?

—Lo que tú creas dejó de importarme desde hace tiempo. La verdad es que tú ya no me interesas.

—¿Y quién te interesa? ¡Me imagino que otro hombre! Porque lo que te pasa a ti es que estás falta de…

Ya no soportaba ese nivel de vulgaridad, no era una verdulera para ponerse a pelear y rebajarse a esos niveles. Se levantó y se dirigió a su recámara, Daniel la seguía a paso ligero. Ella recordó que la computadora portátil estaba encima de la cama y entró corriendo en la habitación y cerró la puerta con llave. Él intentó entrar, pero fue tarde, la puerta casi le da en la cara. Esto hizo que todo su odio aflorara y gritó fuera de sí.

—Puta de los infiernos, abre la puerta.

—Lárgate y no me molestes.

—¡O me abres la puerta o la derribo!

Sofía se comenzó a reír a carcajadas, ya no les temía a las amenazas de Daniel. Además, él no era tan fuerte como para tumbar la puerta. Por esa razón, se conectó al Internet con la esperanza que Arturo estuviera en línea. Tuvo suerte, le puso un mensaje de urgencia, él le contestó de inmediato. Le contó del disgusto con su esposo.

—Nena, debes tener cuidado, cuando un abusador está enfurecido puede ser peligroso. No lo provoques.

La voz de Arturo sonaba llena de preocupación. Sin embargo, Sofía se mantenía calmada.

—Ya no le tengo miedo.

—Es mejor que no lo enardezcas. Puedes saber cómo comienza la violencia, pero nunca cómo termina.

Sofía había instalado un micrófono en su computadora y podía hablar como si fuera por teléfono. Arturo escuchaba todos los ruidos del ambiente. De repente la puerta cedió y entró Daniel sosteniendo en la mano el cuchillo con el cual había abierto la puerta. Sofía asustada, exclamó.

—¡Cuidado con ese cuchillo!

Arturo, aterrorizado, le pidió desde el otro lado del mundo:

—¡Llama a la policía!

Daniel escucha la voz y se detuvo un instante, lleno de rabia.

—¿Con quién demonios estás hablando?

—Por toda respuesta, ella miró hacia la pantalla.

—Vaya, vaya, conque eres de esas perras que hacen el sexo por computadora.

—¿De qué estás hablando? ¡Estás loco!

—Hasta hoy hablas tú por esa «vaina».

—No te atrevas a acercarte.

—Sofía, ¿por favor qué es lo que está pasando? —preguntó Arturo.

—No te preocupes, tengo la situación bajo control.

Daniel se abalanzó, le arrebató la computadora y la estrelló con toda su fuerza contra la pared. Esto la llenó de coraje, se levantó de su cama, encontró en el buró una enorme tijera que usaba para cortar las telas en los trabajos de manualidades. Con toda su fuerza se la tiró a Daniel y esta quedó clavada en la puerta. Ante aquella reacción, el cobarde salió corriendo, era la primera vez que el victimario huía de la indefensa mujer, que en ese momento de cólera dejó de serlo.

Pasado aquel momento de exaltación, Sofía permaneció en su cama, llorando amargamente. De algún modo intuía que la violencia los estaba sumiendo en un abismo del que no iban a salir indemnes.

CAPÍTULO 7

Arturo, desesperado, trató de comunicarse conmigo y no lo consiguió hasta tres horas después. Me explicó lo que había escuchado en la casa de Sofía y me pidió que la llamara por teléfono y le avisara cómo estaba ella. Lo hice y enseguida conseguí comunicación con Sofía, quien me narró la parte de la historia que Arturo desconocía. Esto me alarmó y le pedí que no se dejara dominar por la violencia. Me había equivocado con relación a ella, nunca la creí capaz de un acto semejante. Me despedí para poder tranquilizar a Arturo. Estuvimos conversando por más de media hora y antes de cerrar la comunicación, me pidió la dirección mía y la de Sofía.

—¿Estás pensando en viajar a visitarnos?

—No por ahora, pero quiero tener la dirección de ustedes por si algún día me decido a visitarlas.

—Arturo, hay una cosa que no entiendo por qué razón Sofía se ha aguantado esa situación por tanto tiempo.

—Esa conducta de ella es parte de su enfermedad. Cuando se recupere no va a permitir que él la trate así. La misma enfermedad la hace dependiente de esa relación enfermiza.

—Ya entiendo, ¿piensas que puedes ayudarla?

—Si puedo, pero lo más importante es que ella misma se ayude. En ocasiones, estas personas prefieren seguir viviendo así antes que asumir ciertos retos y caen en un círculo vicioso. Salir de ese círculo es una tarea difícil. No te asustes, dije difícil, no imposible. Varios de mis pacientes se han recuperado y funcionan normalmente.

—No sabes cuántas veces le he pedido a Dios que

Sofía se recupere del todo y encuentre el valor para dejar a ese hombre.

—No te desesperes, creo que vamos a salir victoriosos. Sabes, Sofía me inspira una enorme ternura. Me he encariñado tanto con ella, que más que mi paciente cibernética, como dice ella, es mi amiga.

Arturo me comentó que la relación de pareja de ella era simbiótica y que esta dependencia gobernaba su vida y la llenaba de ansiedad. Una mujer emocionalmente incapacitada puede permanecer unida a su victimario para siempre, porque el temor, el dolor y el odio prevalecerán hasta que la mujer se libere de su papel de chivo expiatorio.

Navegué por el Internet en busca de información sobre la enfermedad de Sofía. Descubrí una dirección en Argentina de un sobreviviente de la agorafobia. Le escribí y le solicité información y le comenté mi interés por ayudar a Sofía, una prima querida. Seguí navegando como por dos horas. Pasado ese tiempo, revisé mi correo. Me sorprendí cuando encontré una carta de Argentina. El sobreviviente de agorafobia me había contestado. Alberto, así se llamaba, me contó que sufrió de ese terrible mal por varios años y que en la actualidad estaba recuperado. También me dijo que trabajó como coordinador en varios grupos de recuperación de enfermos de agorafobia. Me explicó cómo los pacientes con esa enfermedad piensan que no hay salida posible; se dan por vencidos antes de intentar una lucha; de ahí a la autocompasión y al sentimiento de culpa no hay más que un paso. Y esos sentimientos hacen difícil la recuperación.

Antes de finalizar la carta me ofreció su colaboración y su experiencia para que pudiera ayudar a Sofía a salir de la cárcel del temor. De inmediato le contesté agradeciéndole la ayuda y le solicité que me enviara información detallada de su enfermedad. Algo me dijo que la experiencia de curación de Alberto podía beneficiar a mi prima.

Sofía estaba deprimida, su computadora no funcionaba después que fue arrojada contra la pared por el arrebatado de su marido. Aunque hacía años que Daniel no era su marido, su rechazo era en cierta forma una liberación. En varias ocasiones, Daniel le había insinuado que era una mujer témpano. Él decía eso con tanta seguridad que llegó a tener dudas de su atractivo y sensualidad. Esto le bajó la autoestima y fue arraigando un sentimiento de culpa en Sofía que justificaba sus abusos. Ellos, separados por las recámaras, continuaban unidos por las cadenas persistentes de la violencia y la intimidación. Esas actitudes no solo fueron el caldo de cultivo de la agorafobia, sino que eran elementos que impedían su recuperación.

Un grito interrumpió las reflexiones de Sofía; era Daniel, vociferando. Ahora que no tenía el aliciente de las comunicaciones con Arturo, estaba menos tolerante. Ni siquiera le contestó. El arrebatado hombre gritaba más y más. Comenzó a patear la puerta. Se puso la almohada sobre la cabeza para no oírlo. Ella perdió la cabeza, se paró de la cama, corrió hacia la puerta, la abrió y espetó:

—Óyeme desgraciado, la próxima vez que me patees la puerta te mueres. Sí, te mueres, porque te voy a matar a sangre fría. Quiero que sepas que estoy loca y que te odio.

Daniel enmudeció del estupor. Nunca había visto a su esposa tan furiosa y por primera vez en su vida le dio miedo que su mujer lo matara. Ella se dio cuenta de que había hecho una excelente actuación. Por dentro temblaba de pánico, pero verlo tan aterrado le dio valor, por lo que siguió su actuación.

—¿Cómo quieres morir, envenenado, apuñalado con un arma blanca o prefieres que compre una pistola y te dispare cinco tiros?

Daniel no respondió, dio media vuelta y se retiró. Sofía cerró la puerta con llave y ya en el interior saltó llena de alegría, se contempló en el espejo y pensó: «Parezco una demente. ¿O será que me estoy volviendo loca?» Volvió a pensar en Arturo y se dijo: «Dios sabe lo que hace, yo me estaba enamorando de ese hombre y no estoy para eso, lo único que yo quiero es paz y silencio». Se recostó en la cama y enseguida se quedó dormida. Tres horas después despertó, todavía se sentía triste y no era por el disgusto con Daniel, sino porque necesitaba comunicarse con su médico cibernético.

Los meses fueron pasando y Sofía no volvió a comunicarse con Arturo, la computadora no tenía arreglo y no quería incurrir en otro gasto. Además, era mejor dejar esa relación en animación suspendida. Sin embargo, desde la última vez que habló con él ni un solo día dejó de recordarlo. Una noche que habló conmigo me comentó sus inquietudes con relación a Arturo.

—¡No entiendo cómo puedes pensar en una persona que no conoces! ¿Cómo lo visualizas?

—No lo visualizo, lo siento.

—¿Lo sientes? No entiendo, explícame.

—Siento sus manos en mi cuerpo, aunque no lo vea, el calor de sus labios, su aliento que se confunde con el mío, cómo nuestros cuerpos se fusionan y somos una sola persona. Está en mí y es mío, mío.

Había tanta pasión en las palabras de Sofía que me asusté, pero después caí en cuenta de que Arturo estaba lejos y no había ningún tipo de peligro. Además, tenía meses que habíamos perdido contacto. Al principio él se comunicó conmigo una vez por semana para preguntar por Sofía, después dejó de contactarme.

Eran como la tres de la tarde, cuando Sofía se levantó de la silla, tocaron a la puerta, no tenía ganas de recibir a nadie, pero de la clínica quedaron en enviarle a un psicólogo para que la atendiera a domicilio. Sofía llevaba puesta una bata rosada de algodón vieja y arrugada. Desde hacía tiempo, no le importaba su aspecto personal, los que la conocieron con anterioridad lo notaban, ya que, al recordar cómo había sido, veían más evidentes las devastaciones que la enfermedad le provocaron. Al abrir la puerta el corazón le dio un vuelco.

El hombre estaba de espaldas, observó su erguida silueta, era atlético y alto. Sofía saludó y el visitante se dio la vuelta. Jamás había visto un hombre tan atractivo. Blanco, de cabellos castaños, penetrantes ojos grises y una personalidad impetuosa. Cuando sonrió su sonrisa la cautivó de inmediato. Cualquiera diría que es una suerte que le tocara un médico tan atractivo. El fascinante señor se acercó, la atrajo hacia sí, la estrechó contra su pecho y la abrazó con fuerza. Estaba paralizada por la sorpresa. Intuyó que ese hombre en particular estaba dotado de una gran masculinidad. No sabía por qué razón este caballero la abrazaba de esta manera, su cuerpo se estremeció, una sensación de calidez le recorrió por toda su anatomía. No entendía por qué no lo rechazó, no quiso separarse, se sentía tan feliz. El seductor visitante pegó los labios a su oído y le susurró.

—Nena querida, soy Arturo.

Sofía estuvo a punto de caer de sus pies. Él la sostuvo entre sus brazos y la miró con gran intensidad. Ocurrió algo que sorprendió a ambos. La turbada mujer pegó su cuerpo con fuerza al del inesperado visitante y sin decir una sola palabra, sus labios se unieron en un prolongado beso. Rodeó el cuello de Arturo con sus brazos. Los dos se estremecieron. Ella sabía que no era correcto lo que hacían, pero el amor no escucha razones y las emociones que surgen son tan salvajes que se requiere de sabiduría y fortaleza para controlarlas. Estaba feliz y no le interesaba controlar sus ardores, ahora por primera vez en su vida se sentía mujer, sí, una mujer ardiente, sensual, romántica, normal. ¿Cuántas veces Daniel había insinuado que era frígida? Sofía casi arrastró a Arturo hasta la recámara. Sus labios se volvieron a unir. Él comenzó a acariciarla y ella musitó al oído.

—¡Quiero ser tuya!

En ese momento, Arturo reaccionó y le dijo que se había dejado dominar por la pasión y él como médico no podía involucrarse con una paciente, aunque ella hubiera sido tratada por intermedio del Internet. La separó con delicadeza.

—No cometamos una locura, mi amor, recupérate y cuando ya no seas mi paciente y hayas dejado a ese hombre, entonces tú y yo podremos vernos de otra forma. Por ahora lo que somos es un médico y su paciente.

Había tanto amor en las palabras de Arturo que Sofía no se sintió rechazada, ni culpable, ni avergonzada. Le gustaba estar en los brazos de él y disfrutar de sus besos y su fogosidad. No era pecado ser mujer, sino ser hipócrita. Sin embargo, sabía que él tenía razón. Volvieron a la sala y continuaron la conversación. Ella le reprochó que no le anunciara su viaje.

—Me has encontrado tan fea que siento vergüenza.

—Tú nunca serás fea. Lo que pasa es que no te arreglas. Dime que desde mañana eso va a terminar. Quiero que te pongas bien bonita y que te alimentes para que subas unas libras. Estás delgada.

—Lo voy a hacer. Volveré a ser la mujer de antes de enfermarme.

Sofía y Arturo conversaron como por una hora. Pasado ese tiempo, Sofía miró el reloj y afirmó.

—¡Daniel está por llegar!

—No me importa. Deja de vivir la vida en función a ese hombre. ¿Por qué le temes?

—Es una larga historia.

—Tengo todo el tiempo para escucharla.

Se escuchó el ruido de un motor de un automóvil, Sofía palideció de miedo y expresó.

—Llegó Daniel y ahora cómo le voy a explicar tu presencia. Es mejor que te vayas.

Daniel abrió la puerta con la llave y cuando entró, observó el rostro atemorizado de su esposa y preguntó.

—¿Por qué tienes esa cara de espanto?

Sofía vio cómo Arturo se retiraba sin despedirse. Trató de seguirlo y Daniel la sujetó por un brazo. Se sacudió y gritó.

—Déjame, tengo que impedir que Arturo se vaya.

—Estás loca, aquí solo estamos tú y yo.

Sofía no alcanzó a entender las palabras de Daniel y gritó fuera de sí.

—Arturo, no te vayas. ¡Te necesito!

Daniel comenzó a reírse como un enajenado y le dijo en forma irónica.

—Sofía, ¡date prisa que se va el fantasma!

Sofía salió a los estacionamientos, estaba descalza, caminó en dirección al césped, nunca antes se había alejado tantos pasos de la casa. Daniel la siguió.

—¿Dónde está tu miedo? —hizo una pausa y continuó—. ¿Ya no les temes a los lugares abiertos?

En ese momento, Sofía tomó conciencia de lo que se había alejado y comenzó a temblar, el diafragma se le contrajo, su corazón comenzó a palpitar a una velocidad vertiginosa, sus piernas se debilitaron y cayó de bruces. Estaba lloviendo y la lluvia empapó su rostro. Daniel se acercó.

—Ahora sí, estoy convencido de que estás loca. Hoy he sido testigo de una de tus alucinaciones.

Después de pronunciar estas palabras con la crueldad de que solo él era capaz, se subió al automóvil y se fue para la calle, dejando a Sofía indefensa y abandonada. Ella intentaba incorporarse sin lograrlo. Trataba de gritar para pedir ayuda y ni un sonido salía de su boca. Había caído la noche y tenía más de una hora de estar tendida en el jardín. Noelia se había marchado en la tarde para su casa y sus hijas estaban en una fiesta. Tendría que esperar más de dos horas para que ellas llegaran. Un pensamiento llegó a su mente, «¿se estaría volviendo loca y había imaginado la visita de Arturo? ¿Por qué razón él no se enfrentó a Daniel?» Esa interrogante le martillaban en la mente. No obstante, se resistía a creer que toda esa situación fuera producto de su imaginación. Intentó levantarse una y otra vez, pero no logró moverse. Se sintió inútil, indigna, despreciable, indefensa.

Lo peor que le puede pasar a una persona es reconocerse en estado de indefensión. Le hace tanto daño como el odio, el miedo o la culpa. Son las emociones más letales que puede experimentar un ser humano. Uno de los inconvenientes más grande de esta enfermedad es que el paciente se siente vencido antes de luchar y se abandona.

Hora y media después llegaron sus hijas. Se asustaron al encontrar a su madre en el jardín tirada sobre el césped. Entre las dos la llevaron, casi arrastra hasta su cama. Melissa le preguntó alarmada.

—¿Por qué razón estabas tirada en el jardín?

Sofía no podía decirle la verdad. Ellas se darían cuenta de la actitud de Daniel y eso sería motivo para un serio disgusto. Varias veces su hija mayor había discutido agriamente con su padre y ella quería evitar mayores problemas. Por esa razón mintió una vez más. Ya lo había hecho varias veces en los últimos meses para evitar problemas.

Sofía sabía que se comienza con una mentira, después sigue otra y llega el momento en que toda la vida es una absurda falsedad. En ocasiones, la mentira parece la única arma contra un mundo hostil y sin justicia. La verdad era cruel y solo la mentira permitiría la convivencia entre sus hijas y su esposo. Se incorporó en la cama y respondió.

—Quise hacer una prueba para ver si podía avanzar un poco hacia la calle.

—Eso fue una imprudencia. Cuando quieras hacer esas pruebas, espera que nosotras estemos en casa.

Melissa se asomó, miró a los estacionamientos y cuestionó.

—¿Mi papá no ha llegado?

—No, no ha llegado.

—¡Qué raro él siempre llega más temprano!

Sofía cerró los ojos fingiendo dormir, no deseaba contestar más preguntas ni seguir mintiendo. Melissa se acercó, la besó en la frente y se retiró. Vielka continuó a su lado sin hacer ruido.

Sofía se levantó, se cambió de ropa y le pidió a su pequeña que se fuera a descansar, que ya ella estaba bien.

—Mami, si necesitas algo me llamas.

—Sí, querida, así lo haré.

Al quedarse sola, Sofía pensó en todo lo vivido y se convenció una vez más que eso no podía ser producto de su imaginación. Todavía sentía el calor de los besos de Arturo, su cuerpo rígido y palpitante. Ese era el hombre de su vida. ¿Por qué no pudo encontrarlo antes? Ahora, era demasiado tarde. Ella era una mujer devastada por el sufrimiento, además, una paciente sin la menor posibilidad de recuperación. Una vez más la vida era cruel con ella. No tenía nada que ofrecerle a ese maravilloso caballero. Dos lágrimas rodaron por su angustiado rostro.

Luego, se comunicó por teléfono conmigo, me contó sus sentimientos sin mencionar la visita de Arturo.

—No me voy a dar por vencida. Por lo menos lo intentaré. Sí, a partir de hoy voy a hacer lo posible y lo imposible por recuperarme. Quiero que Arturo se sienta orgulloso de mí. Además, también lo voy a hacer por mí. Soy un ser humano con derecho a la salud y a la felicidad.

—Me alegra que menciones la palabra felicidad. Quiero que sepas, que la felicidad es una elección que puedes hacer en cualquier momento de tu vida.

—Eso sería posible, si la situación cambiara.

—¿No has pensado cambiar tú? Recuerda que para que exista un victimario tiene que haber una víctima. Sé capaz de cambiarte a ti misma y el mundo cambiará contigo.

Sofía no contestó nada. No tenía una sola palabra con la que pudiera rebatir mis argumentos; por esa razón, se despidió.

A la mañana siguiente se levantó temprano y le pidió a Noelia que le hiciera un suculento desayuno. La empleada con tono de cansancio le expresó.

—Para qué quiere que le haga tanta comida, señora, si después hay que botarla.

—Esta vez no va a pasar. Estoy delgada y tengo que recuperar el peso normal.

Noelia se resignó y le preparó todo lo que su patrona

le pidió. Se lo puso sobre la mesa y en minutos Sofía se comió todo el desayuno. Noelia pensó, «ahora mismo lo vomita como otras veces.» Pasadas dos horas la empleada se convenció de que la señora estaba haciendo un esfuerzo. Al medio día también Sofía comió bien lo mismo que en la cena. En dos semanas aumentó seis libras. Todavía le faltaban veinticuatro por recuperar. Su aspecto comenzó a mejorar. Llamó a un estilista para que le cortara y le arreglara el cabello. Le dijo a Melissa que le comprara ropa y cambió por completo su apariencia. Se veía atractiva, aunque delgada, ya no parecía una muerta en vida.

Ese día la llamé y Sofía en persona me dio la buena noticia. Fue tan efusiva que me sentí animada. No se atrevió a contarme la razón de su cambio. No sabía si había pasado o había sido producto de su imaginación. Además, me contó que cuando Daniel se refería al incidente, llamaba a Arturo, el fantasma.

Esa noche Sofía se maquilló. Ella no usaba muchos cosméticos, solo una sombra crema, rímel y un lápiz labial claro con brillo. Cuando terminó y se miró al espejo quedó asombrada, se veía bellísima. Sus ojos tenían un brillo especial, el resplandor del amor. Sus cabellos rojizos y alborotados le daban un aspecto voluptuoso. Se vistió con un pantalón y un suéter negro de pronunciado escote. Se puso un pañuelo de colores en el cuello. Lucía radiante. Salió a la sala para que sus hijas la vieran y se encontró con Daniel. La miró entre admirado y divertido.

—¡Para dónde va la señora! No me digas que vas a buscar al fantasma para irse de farra.

Sofía no respondió, no valía la pena. Era mejor irse para su cuarto y tener la fiesta en paz. Entró en su habitación y cerró con llave. A lo lejos oía las carcajadas delirantes de su esposo.

CAPÍTULO 8

Abrí mi correo electrónico, y encontré correspondencia de Alberto, el paciente recuperado de agorafobia. Imprimí la carta para leerla con facilidad: «Mi nombre es Alberto, nací en Argentina hace treinta y ocho años. Soy soltero y hasta los dieciocho años viví con mis padres, soy hijo único, he tenido ocupaciones diversas: vendedor de libros, músico, profesor de informática, técnico electrónico, distintas tareas en una televisión local y en un estudio de grabación, etc. En la actualidad trabajo a tiempo parcial en varios proyectos.

Tuve innumerables problemas de salud en mi infancia, en especial de tipo respiratorio. En mi familia existen antecedentes de trastornos de ansiedad; por ejemplo, mi abuela materna tenía una verdadera obsesión por el orden y por la contaminación, además, de una necesidad constante de comprobar las cosas, revisaba incontables veces si le faltaba dinero o si había cerrado las puertas con llave. En los últimos años de su vida llegó a limpiar su casa completa tres veces al día o a negarse a comer si no contaba con sus propios cubiertos. Algo parecido le pasa a mi padre, con una virtual obsesión por conservar y clasificar recibos y facturas. Lo mismo le sucede con las herramientas y sus cosas personales, llegando a perder el control si no encuentra todo donde lo ha dejado. Mi madre sufrió una fuerte depresión que la llevó incluso a tomar veneno para ratas, aunque afortunadamente se recuperó.

Sufrí mi primera crisis de pánico a los veinte años; no recuerdo ninguna circunstancia asociada en particular, aunque en general vivía un clima de tensión en la casa de mis padres, debido a constantes discusiones con ellos. La relación con mis progenitores fue desde entonces casi inexistente.

Una noche, sin previo aviso, sentí en mi cuarto que me moría sin que nada pudiera hacer algo por impedirlo. Pensándolo bien, quizás no fue esta la primera de mis crisis, ya que de pequeño alguna vez me retiré de la escuela descompuesto, por sudores, temblores, hormigueos en todo el cuerpo e imposibilidad de prestar atención a aquello que me rodeara. Todo esto desaparecía en cuanto alguien me llevaba a casa. Ahora creo que podían ser crisis de pánico, aunque no puedo asegurarlo. Estos incidentes exacerbaron el temor exagerado a la muerte que sentía ya desde antes. Me desconcertó el hecho que esas crisis me golpearan como un rayo y que no pudiera hacer nada por impedir que ocurrieran. Cabe aclarar que nunca había oído hablar sobre la existencia de esta enfermedad, así que mi terror se duplicaba porque implicaba también enfrentarme a algo desconocido e incontrolable en apariencia.

Desde los veinte hasta los veintiocho años no tuve un diagnóstico adecuado. Pasé por todos los estudios imaginables y posibles, sin encontrar nunca problemas orgánicos. Llegué al diagnóstico de trastorno de pánico y agorafobia gracias a la amistad con dos estudiantes de medicina, quienes me ayudaron a encontrar el cuadro más aproximado a mis síntomas. Al poco tiempo consulté con una siquiatra y una psicóloga que trabajaban juntas. Ellas confirmaron el diagnóstico.

Comencé un tratamiento farmacológico, junto con terapia sicoanalítica. Hasta ese momento había estado imposibilitado de abandonar mi casa por la agorafobia. Durante dos años, no podía alejarme más de una o dos manzanas para hacer las compras; aunque generalmente esta tarea la realizaba algún amigo mío que comprendía mi situación, ya que en ese entonces vivía solo. A partir del inicio del tratamiento me animé a salir, cada vez más lejos de mi casa, por períodos prolongados de forma progresiva.

Seis meses más tarde, volví a trabajar como profesor en una academia de informática. Durante mi encierro dependía de los pocos trabajos que podía hacer en casa. Por razones económicas, abandoné el tratamiento. Sufrí varias recaídas, aunque todas ellas más suaves que las precedentes, tanto en tiempo como en intensidad. Después de tres años de actividad en el mismo trabajo, renuncié a él para poder dedicarme a otras cosas.

Conocí a una persona con un problema similar y creamos un grupo de autoayuda que funcionó durante un año. Me permito citar esto, ya que en cierta forma es parte de mi tratamiento. El hecho de conocer en persona a otros que padecen esta enfermedad me permitió comprender un poco mejor qué me pasaba a mí mismo; por otra parte, espero que mi propia experiencia les haya servido a otros.

Un año después, reinicié el tratamiento farmacológico y el apoyo sicológico. Llegué a creer que ya no tenía mayores limitaciones, hasta hace una semana, cuando sufrí una crisis de pánico grave que me obligó a bajar del autobús en el que viajaba. Como dato alentador, tengo que destacar que no sufrí crisis de pánico por varios años. Una aclaración: viví con mi novia en un pequeño pueblo a doscientos kilómetros de mi ciudad natal. No tengo dificultades en viajar periódicamente esa distancia; aunque al llegar a la ciudad me da una especial angustia.

La mayor limitación que siento en la actualidad es una sensación de inseguridad general, algo similar a aquello que me sucedía antes de una crisis, además, de una especie de fatiga constante. No obstante, supongo que las ganas de querer salir, la terapia, la ocupación laboral plena, el tiempo y el amor harán lo suyo.

Elena, creo que su prima no encontró la terapia adecuada, aquella que le convenga y la beneficie. Acaso tenga que vencer algo de la autocompasión que suele acompañar a esta enfermedad y hasta ejercer un poco de crueldad sobre sí misma.

Cuando se anime a ir más allá de los límites impuestos por la agorafobia y se dé cuenta de que está viva y feliz, acaso algo asustada, que el pánico no va a matarla (los muertos que mata el pánico, gozan todos de buena salud) cuando eso ocurra (hoy, dentro de un mes, de un año, quién puede decirlo), reirá con asombro al ver que la jaula que la aprisionaba solo estaba en su mente.

En lo personal, escuché varias veces la frase «nunca voy a curarme»; ninguna de esas personas (me incluyo) imaginó que sí iba a hacerlo y acaso en un plazo menor que el de la más optimista de sus fantasías. En un momento de mi vida, el trecho que había de la cocina al dormitorio me parecía infinito; si en ese momento alguien me hubiera dicho que iba a aprender a volar (he comenzado a tomar mis primeras clases en aviones pequeños) habría contestado con una grosería. En fin, esta enfermedad es tratable, no es tan terrible como parece, solo tiene poder sobre nosotros aquello que tememos o amamos; las personas con agorafobia solemos vivir una relación de amor—odio con nuestros síntomas, nos volvemos en cierto modo dependiente de ellos, por descabellados que pudieran parecer.

Mi solidaridad y mis deseos de una recuperación para Sofía, más tarde o más temprano, todo pasa, incluso la agorafobia. Le ruego que se sienta en libertad de preguntarme aquello que se le ocurra sobre el tema de la agorafobia, no importa qué molesta o indiscreta pudiera parecerle.»

Terminé de leer la carta de Alberto y me sentí feliz. Segura de que él nos ayudaría, la contesté y le hice algunas preguntas para comprender la enfermedad, los sufrimientos y temores de mi nuevo amigo. Le pedí que me concluyera la historia en estos tres últimos años y le pregunté: ¿ha vuelto a sufrir un ataque de pánico?, ¿puede hacer una vida normal?, ¿todavía toma medicamentos?, ¿cómo es su vida afectiva? ¿Siente rencor por alguna persona?, ¿es usted religioso?, ¿ha encontrado su misión en la vida?

Después de contestarle a Alberto me comuniqué con Sofía para darle la buena noticia. Llamé al teléfono de mi prima y una grabación anunciaba que el servicio había sido suspendido. Me comuniqué con una amiga para que visitara a Sofía. Pocas horas después me enteré de que Daniel había desconectado el teléfono, lo llamaba austeridad, yo lo denominaba crueldad. No obstante, no me daba por vencida, procedí a escribir una carta, para contarle a Sofía el caso de Alberto y la envié por correo. Sofía contestó la carta y se mostró interesada en entablar comunicación con él. También me volvió a comentar que creía que Arturo la había ido a visitar. Con lujo de detalle expresó su turbación por la pasión que él había despertado en ella, lo inquieta que se sentía cuando recordaba una a unas sus caricias. No salía de mi perplejidad, cómo era posible que mi prima no supiera distinguir entre la realidad y la fantasía. O sería que Daniel estaba fingiendo para enloquecerla. De inmediato le envié un correo electrónico a Arturo para que me sacara de dudas.

Tres horas después recibí respuesta. Arturo me aseguró que no había salido de España. También expresó su preocupación por lo que Sofía me había comentado.

Me pedía que le aclarara el misterio con urgencia porque había quedado perturbado por las afirmaciones de ella y eso que le había omitido las escenas eróticas. No sabía si comentarle a mi prima la respuesta de Arturo, pensaba que la certeza de que tuvo alucinaciones empeoraría las cosas. Esperaría unos días para comunicárselo; mientras tanto, vería qué pasaba.

Una semana después tuve noticias de Sofía, llegó una carta donde me contaba los inconvenientes que tenía con las reacciones secundarias de los medicamentos. Se sentía despersonalizada, de noche estaba medio despierta y de día medio dormida. Había perdido la capacidad de concentración y sentía fuertes mareos. Por otra parte, estaba confundida, no sabía si el remedio era peor que la enfermedad. El médico le dijo que no suspendiera los medicamentos porque su estado podía complicarse aún más.

Sofía me comentó que su madre biológica estaba enferma. Tenía leucemia en estado terminal. Me expresó su tristeza e impotencia, porque, aunque su madre no la crio, no era de las que devolvía el mal y le hubiera gustado estar sana para poder cuidarla. Me di cuenta, una vez más, de que Sofía había caído en el abismo oscuro de la depresión, ya que, no se despidió ni firmó la carta. En su hogar no reinaba el amor, todo lo contrario, la manera de relacionarse era enfermiza, la violencia sacudía los cimientos de esa familia.

Decidí volver al pueblo y llegué como a las nueve de la mañana, enseguida, fui a casa de mi prima. Me recibió con la misma alegría de siempre; sin embargo, en el fondo de sus ojos se reflejaba la resignación con la cual enfrentaba su infortunio. Lo primero que hice fue hablarle de uno de mis planes, quería enseñarle meditación para que se autoanalizara y tal vez descubriera cuál era el detonante que había desencadenado las fobias.

—Sofía, tengo que hablarte, tengo un plan para tu recuperación, pero sin tu cooperación no hay nada que hacer.

—¿De qué se trata?

Mi proyecto es un tanto complejo, pero estoy segura de que puedes llevarlo a cabo. No tomes a mal lo que te voy a decir, sabes lo que te quiero, por esa razón voy a hablarte con la verdad y decirte lo que pienso. Hice una pausa, Sofía se impacientó.

—Tú puedes decirme lo que quieras y nunca te lo voy a tomar a mal.

—Desde hace años estás haciendo inconscientemente el papel de víctima. Para tu conocimiento, los pacientes que deciden abandonar el papel de mártires desde ese preciso instante participan en su propio proceso curativo.

Una vez más la obsesión se había apoderado de su mente, sus temores emergían con más virulencia y de una manera reiterada volvían sus monólogos interiores hechos de confesiones, acusaciones y lamentaciones. En ese momento, comenzó a llorar.

Saqué de un portafolio unos papeles y le expliqué que esas eran las recomendaciones de Alberto, el paciente con agorafobia. Gracias a sus informaciones ahora entendía mejor los trastornos que ella experimentaba. Sin más preámbulo comencé a leerlos:

«Esta enfermedad produce un gran dolor síquico y altera la vida de una manera notable. De cualquier modo, nadie ha muerto ni morirá nunca a causa de un ataque de pánico, el pánico es un mecanismo natural de conservación de la vida; nos indica cuando tenemos que huir del peligro y prepara a nuestro cuerpo para ello, de allí el latir violento del corazón y el aumento de la frecuencia respiratoria que proporcionan a nuestros miembros la oxigenación necesaria para luchar o para escapar, es decir para preservar la vida. Podemos hablar de trastorno de pánico cuando este aparece sin que exista el correspondiente peligro real, pero un pensamiento también es real en muchos sentidos. Nosotros conservamos intactos esos mecanismos de supervivencia que pugnan por manifestarse allí donde ya no son necesarios.

En caso de la agorafobia severa, por ejemplo, se logra que el paciente se aleje unos metros del lugar que considera seguro, dejando que llegue hasta donde comiencen a aparecer los síntomas de pánico; a la vez, se le enseña a reconocer y manejar ese pánico de modo que en la próxima exposición pueda llegar un poco más lejos. Por supuesto, esta es una simplificación de una técnica terapéutica que parece eficaz para el tratamiento de las fobias.

Lo peor de esta situación es que el paciente cree que sufre un ataque cardíaco, un accidente cerebro vascular o un «shock» anafiláctico y que va a morir de manera inminente; también suele creer que está perdiendo la cordura. Aun cuando la enfermedad haya sido bien diagnosticada, suelen pasar meses e inclusive años hasta que el paciente toma conciencia de su enfermedad y reconoce que su malestar no es de origen orgánico; mientras tanto, pasará por los consultorios de innumerables especialistas, esto sin contar las visitas de urgencia al hospital más cercano, y las radiografías, endoscopías, estudios de resonancia magnética, etc., casi siempre con el mismo resultado: no hay razón alguna para creer que sufre de alguna enfermedad física.

Existen tantas terapias dedicadas al tratamiento de los trastornos de la ansiedad, pero no existe un tratamiento único; podría decirse que cada paciente debe investigar por sí mismo cuál es la terapia que más le beneficiará. Así, hay personas que lograron una recuperación a través del psicoanálisis, otras que lo hicieron mediante tratamientos cognitivo-conductuales, otras que recurrieron a la medicación; también quienes se vieron beneficiados por una combinación de todos estos recursos. Lo cierto es que no existe «la fórmula para la recuperación», sino un abanico de posibilidades terapéuticas. Si a esto le sumamos el apoyo emocional que puede aportar un grupo de autoayuda, el panorama ya no se muestra tan sombrío. También hay quienes remitieron su enfermedad de forma espontánea, aunque son los menos. Yo he conocido al menos a dos de esas personas, aunque ignoro si pudieron o no mantener su logro a través del tiempo.»

Sofía expresó que las afirmaciones de Alberto coincidían con las informaciones que le habían facilitado sus médicos. Le contesté que, aunque le parecieran reiterativas, era saludable que las tomara en cuenta. En el portafolio también tenía otros papeles que le entregué. Era un proyecto de autocuración.

—Este documento de varias hojas lo elaboró Malena, una psicóloga amiga mía. Posteriormente, ella vendrá a visitarte dos veces al mes. Es sencillo y fácil de aprender, lo único que debe tener es constancia y dedicación. Ahora te voy a explicar con más detalles de qué se trata.

Le indiqué la manera de alcanzar la relajación física y mental, alcanzando la máxima conciencia de la realidad y más particularmente, del cuerpo y del espíritu. En la relajación la respiración se hace más lenta, el ritmo cardíaco baja, la tensión baja también, así como el consumo de oxígeno. No hay mejor antídoto contra el estrés y es curativo a todos los niveles. Después de alcanzar este estado se hace emerger a la conciencia los recuerdos por dolorosos y temibles que fueren. Esta era una forma de psicoanálisis, en lo esencial una curación para la neurosis, ya que se adquiría conciencia de los conflictos reprimidos. Es curar mediante la explicación y llegar al por qué se ha formado el síntoma neurótico. Descubierta la causa se produce la curación. Le pedí a Sofía que anotara en una libreta sus descubrimientos para que los pudiera discutir con Malena.

Sabía que Sofía tenía la capacidad para analizarse a sí misma y podía realizar este autoanálisis a diario, durante el resto de su vida. Porque el conocimiento de sí mismo no tiene límites, siempre hay algo nuevo que descubrir. Ella fue aprendiendo a estar tranquila, a sentarse relajada y a concentrarse. Le sugerí en voz baja que recordara los pensamientos que llegaban a su mente para examinarlos, seguirles la pista y ver si tenían relación entre sí, averiguar diversas sensaciones con cada uno de ellos para comprender claramente sus sentimientos.

Tenía tiempo de estar estudiando el problema de salud de Sofía, y percibía, una vez más, que la fobia era un pretexto que había inventado el organismo para ocultar un terror verdadero, justificado, algo que ocurrió alguna vez, algo que ella ignoraba, que su familia no sabía, que sus amigos desconocían y que estaba escondido por la fobia. Esa fobia era una tapadera simulada por el subconsciente para que ella no se enterara de que había algo pavoroso en su vida, por lo que, de pronto, sus defensas crearon ese horror para encubrir aquello misterioso, pero verdadero. Ella se había asustado tanto que expulsó esa idea de su conciencia y la sustituyó por la agorafobia, un miedo, aunque incómodo, mucho menos torturador que el terror que estaba encubriendo.

Podemos volvernos ciegos si hay cosas en nuestras vidas que no queremos mirar, o sordos si nos sentimos amenazados por lo que podemos oír. No obstante, un temor será reemplazado, aunque lo queramos eludir. Y esa manifestación de pánico que surgió para reemplazar el temor reprimido la convirtió en una incapacitada para ejercer su profesión, para la vida familiar y para el trato social. Por esa razón tenía esperanzas de que al hacer emerger de la conciencia el miedo verdadero que ella experimentaba, desaparecería la agorafobia con sus consecuentes ataques de pánico. Esa mentalización suele producir una sensación de alivio, de liberación, incluso de alegría, aunque lo que se descubra pueda ser desagradable.

Ya Sofía había practicado la autobiografía, meditó sobre su propia historia, comenzó por la infancia y terminó con los proyectos para el futuro. Así se obtuvo un cuadro de los sucesos importantes, sus primeros temores, esperanzas, decepciones y los hechos que disminuyeron su fe. Con el relato que Sofía escribió, realizó ese proceso. De esa manera tuvo conciencia de la realidad e hizo un examen moral que le serviría de fundamento a un proceso reformador constante. Además, durante la meditación, ella podría plantar sugestiones curativas (decretos) en forma de afirmaciones verbales positivas o de imágenes curativas que serían puestas en práctica por el cuerpo, a menudo con resultados favorables. El poder de las imágenes mentales y el de las palabras van parejos.

Estaba convencida de que uno de los mayores caldos de cultivo para que Sofía desarrollara sus temores había sido el abandono de su madre biológica y la violencia intrafamiliar en que se había visto envuelta desde los primeros días de casada. Sin embargo, esperaría que ella los fuera descubriendo uno a uno. Ella estaba interesada en el proyecto, aunque ya había recibido varias sesiones de psicoanálisis, estas fueron infructuosas porque el sicoanalista no pudo vencer su resistencia. Era tanto mi entusiasmo que se contagió de mi optimismo.

Compartimos un dulce y continuamos conversando sobre las últimas noticias del pueblo. Ella iba de un estado de ánimo al otro de una manera pendular. Al inicio de la conversación estaba llena de esperanza, luego, llena de dudas; sus desorbitados ojos me miraron de una manera escrutadora, era imposible adivinar qué había en su interior, no obstante, fuera lo que fuera, se sentía amenazada. Le pasé la mano por los cabellos.

—Flaca, ¿por qué te has puesto tan triste?

Se levantó, paseó nerviosamente por la terraza y llevándose las manos a la cabeza, dijo:

—A veces pienso que no voy a recuperarme. ¡Eso es imposible!, ¡no lo voy a lograr!, ¡no tengo fuerzas para enfrentar a mis demonios!

Hice acopio de mi paciencia. No me podía dar el lujo de mostrarme débil e indecisa frente a Sofía y le referí que en una ocasión me sentí cansada de luchar contra una enfermedad que me ocasionaba complicaciones y ese día en el que pensé que no podía más, mi amiga me envió por el Internet un mensaje bello de San Francisco: «Empieza por hacer lo que es posible, luego lo que es necesario y un día te encontrarás haciendo lo que es imposible».

Observé a Sofía como ausente y le repetí el mensaje. Ella escuchó con atención y guardó silencio por varios minutos. Su semblante se fue relajando, una hermosa sonrisa apareció en sus labios y, levantando el tono de la voz, dijo con energía.

—¡Voy a intentarlo y sé que lo puedo lograr! ¡Me voy a recuperar!

Me sorprendió, el acento con que se expresó; era increíble cómo mi prima pasaba de un estado de ánimo a otro; sin embargo, ya estaba acostumbrada a esos cambios y solo los evaluaba como variaciones propias de la enfermedad. De repente, Sofía dio un giro de ciento ochenta grados e hizo la pregunta que no hubiera querido contestar.

—¿Averiguaste si Arturo estuvo en Panamá?

No era conveniente mentirle, no tendría otro remedio que decir la verdad.

—Sí, averigüé y me dijo que no.

—¡No puede ser! Yo lo vi con estos mismos ojos.

—No hay razón para que Arturo mienta. ¿No te parece?

Sofía bajó la cabeza y sus ojos se llenaron de lágrimas. Todo había sido producto de su imaginación. Los besos, la pasión y el éxtasis que experimentó en brazos de su amado. Ahora más que nunca tenía que empeñarse en su recuperación, si no, iba a terminar enloqueciendo.

—¡Todo fue mentira¡¡Nunca pasó!

—Querida Sofía, inventar es crear, no mentir.

—Piensas que todo fue una creación de mi mente. ¿Con qué propósito?

—¡El más sencillo y bello de todos los propósitos, sentirte amada!

—¿Entonces no piensas que me estoy volviendo loca?

—Claro que no, además, estás más repuesta y ahora te arreglas bonita. Si tu visión o creación ha logrado ese milagro, bendita sea. Además, yo soy de las personas que no les busca explicación a los eventos sobrenaturales. Algún día vamos a entender ese fenómeno porque estoy segura de que tú no estás loca.

Sofía se acercó y me musitó al oído.

—¡Por primera vez en mi vida estoy enamorada!

—Tómalo con calma. No es bueno que tengas diversidad de objetivos. Lo único que debe ocupar tu mente por este momento es tu total recuperación. Si no, la energía se va a disipar y no lograremos nuestro objetivo.

—Tienes razón, Elena, solo voy a concentrarme en recuperar mi salud.

—Antes de retirarme quiero pedirte algo, cuando estés en meditación hazte estas tres preguntas: ¿estoy en el lugar que quiero estar?, ¿con la persona que quiero estar y haciendo lo que quiero hacer? Esas respuestas te darán la clave no solo para recuperar tu salud, sino para rescatar tu vida.

—Gracias por toda tu ayuda, tengo fe en que pronto voy a lograrlo y ese día tú y yo vamos a celebrar con una copa de vino.

—A la orden, voy a regresar dentro de un mes y entonces evaluaremos los resultados. Recuerda que lo más importante es que conserves la fe, porque crea confianza, te dará paz y te liberará de tus dudas, preocupaciones y sobre todo del miedo. Si tienes alguna pregunta sobre las instrucciones, me llamas de inmediato para aclararte cualquier duda. Además, hay algo importante, a partir de hoy quiero que programes en tu mente el éxito de nuestro proyecto.

Hice una pausa y le entregué a Sofía un escrito.

—Una amiga querida me envió este mensaje que deseo que leas en voz alta.

Sofía levantó la mirada, la puso en el escrito y luego de observarlo un momento empezó a leer en voz alta:

Había una vez un gran violinista, Paganini, algunos decían que era raro, otros que era sobrenatural. Las notas mágicas que salían de su violín tenían un sonido diferente, por eso nadie quería perder la oportunidad de ver su espectáculo.

Una noche, el escenario del auditorio estaba repleto de admiradores preparados para recibirlo. La orquesta entró y fue aplaudida. El director fue ovacionado, pero cuando la figura de Paganini surgió triunfante, el público deliró.

Paganini coloca su violín en el hombro y lo que sigue es indescriptible, blancas y negras, fusas y semifusas, corcheas y semicorcheas parecen tener alas y volar con el toque de aquellos dedos encantados. De repente, un sonido extraño interrumpe el ensueño de la platea. Una de las cuerdas del violín de Paganini se ha roto. El director paró. La orquesta paró. El público paró. Pero Paganini no paró. Mirando sus partituras, él continuaba extrayendo sonidos maravillosos de un violín con problemas.

El director de la orquesta, admirado, volvió a tocar. El público se calmó, cuando de repente otro sonido perturbador atrajo la atención de los asistentes. Otra cuerda del violín de Paganini se había roto. El director paró. La orquesta paró. Paganini no paró. Como si nada hubiera ocurrido, olvidó las dificultades y siguió arrancando sonidos increíbles. El director y la orquesta, impresionados, volvieron a tocar. Pero el público no se podía imaginar lo que iba a ocurrir. A continuación, todas las personas asombradas gritaban: un oh que retumbó por toda la sala. La tercera cuerda del violín de Paganini se había roto también.

El director paró. La orquesta paró. La respiración del público se detuvo. Pero Paganini no paró. Como si fuera un contorsionista musical, arrancó todos los sonidos posibles de la única cuerda que sobraba de aquel violín destruido. No olvidó ninguna nota. El director embelesado se animó. La orquesta se motivó. El público partió del silencio hacia la euforia, de la inercia hacia el delirio. Paganini alcanzó la gloria. Su nombre corrió a través del tiempo. Él no era apenas un violinista genial. Él era el símbolo del profesional que continúa adelante aun ante lo imposible.

Cuando todo parezca derrumbarse, démonsle una oportunidad y despertemos al Paganini que existe dentro de nosotros: SIGAMOS ADELANTE PARA VENCER. Victoria es el arte de continuar donde otros resuelven parar.

Cuando Sofía terminó de leer el mensaje en sus ojos había un brillo inusitado, era el resplandor de la esperanza. La abracé y le dije.

—Cada vez que te detengas en tu recuperación, despierta al Paganini que llevas dentro y sigue adelante hasta vencer.

Antes de quedarse sola, Sofía estrechó el sobre con el mensaje contra su pecho y sintió que ese mensaje había quedado tallado en su corazón.

CAPÍTULO 9

Esperaba carta de Alberto. Estaba en la bandeja de entrada de mi correo electrónico, la desplegué en la pantalla para leerla:

Estimada Elena:

Muchas gracias por el tuteo —que me permitiré corresponder—aunque para ser coherente me veo en la obligación de vosearte (de verdad que se ve extraño este verbo), sucede que en el Río de la Plata y en sus cercanías se conservó una deformación arcaica del trato informal (decimos «vos sos» en lugar de «tú eres», «para vos» en lugar de «para ti», «tomá» en lugar de «toma» y por el estilo) Más allá de estas curiosidades, gracias por tu amistad, espero llegar a ser digno de ella.

Se hace difícil tocar un tema tan delicado como el de la dependencia patológica y el maltrato físico o sicológico, pero existe un hecho empírico que ningún libro menciona y que la mayor parte de quienes hemos participado en grupos de autoayuda, conocemos un considerable número de personas que se acercan en busca de ayuda sufren o han sufrido experiencias de esta clase, mujeres y hombres golpeados, personas humilladas o menospreciadas por sus padres desde la infancia, etc. Aunque no me corresponde hacer ningún juicio de valor, creo que este detalle es significativo. ¿Tendrá alguna relación esta destrucción casi metódica de la autoestima y de la dignidad de una persona con sus posteriores ataques de pánico, con la imposibilidad de enfrentar el mundo exterior? Supongo que sí; en lo particular, algo de eso sucedió en mi historia personal, aunque no podría calificarlo de maltrato infantil, sino de ciertas carencias propias de mis padres, que acaso encontraron en mí (hijo único) una forma de desplazar algunas frustraciones personales.

Me gustaría saber sobre la evolución de tu prima; sin conocer la situación, sospecho que estará en ella el tomar la difícil decisión de recuperarse contra viento y marea; tal vez tenga que encontrar la forma de salir del círculo vicioso en el que se halla hoy. Reconozco que eso no es fácil, pero tampoco puede uno mantenerse sano en un entorno paciente y aquí cabe preguntarse si el pánico con agorafobia será la enfermedad en sí misma o si será solo la manifestación, el síntoma de un problema menos perceptible a simple vista.

Con respecto a tus preguntas, trataré de contestarlas en orden:

He vuelto a tener crisis de pánico intensas, aunque no más de tres o cuatro en los últimos dos años; esto, comparado con los cuatro o cinco ataques diarios que tuve en mis peores épocas, puede considerarse una verdadera curación. Me gustaría al final de este mensaje extenderme un poquito más sobre aquello que se considera curación en estos casos.

Llevo una vida normal, con esto quiero decir que en la actualidad hago todo aquello que la enfermedad me había impedido: viajar, relacionarme con la gente en general, ir donde yo quiera sin necesidad de compañía o sin la sensación de que algo terrible va a ocurrirme. En mi caso particular, las repetidas sensaciones de muerte inminente propias de las crisis de pánico hicieron que revalorara algunos aspectos de la vida a los que antes no les prestaba tanta atención: la amistad, el amor, la música, la literatura y el arte en general. En fin, aquellas cosas que le dan a la vida una intensidad única. Aunque suene paradójico, para mí la enfermedad fue la puerta para una vida más rica en emociones. Mi actual intento de aprender a volar es en cierto modo una manera de poner a prueba el control que alguna vez creí perder sobre mí mismo, pero también la necesidad de experimentar emociones fuertes, exactamente lo contrario de la actitud agorafóbica de permanecer siempre en un perímetro de seguridad; hasta ahora me ha servido para enfrentar y superar algunas inseguridades de las que no me había percatado.

Sigo tomando medicinas, un ansiolítico de uso general que no está en especial diseñado para el tratamiento de los síntomas del pánico, en realidad, esta medicina está más relacionada con los efectos de la difícil situación económica de mi país. En síntesis, no estoy específicamente medicado para el trastorno de pánico con agorafobia.

Mi vida afectiva no es lo rica que desearía; supongo que eso nos sucede a todos. De cualquier modo, tengo amigos y amigas de una lealtad y cariño increíbles, el afecto de mis padres que acaso nunca me comprendieron, pero que más allá de eso nos queremos; no me siento solo, aunque me falte un amor.

Como persona apasionada que soy, tengo rencores; algunos duraderos, otros fugaces. Hasta hace poco sentí un gran resentimiento hacia quién fue mi novia, Gabriela. Ella me dejó por un hombre adinerado; me imagino que también yo le habré dado otras razones para hacerlo, aunque me dolió el hecho que me hubiera alejado de ella, a pocas semanas de casarnos, con engaños, en lugar de decirme sencillamente: No te amo más.

No soy religioso; en rigor, soy ateo. He tenido algunos contactos con personas religiosas. Me interesa la historia de las religiones en general y mi ateísmo no me ha impedido hacer amistad con ellas, algunos de los grupos de autoayuda que coordiné funcionaron en parroquias;

sé que algunos sentimientos religiosos son de gran ayuda para personas enfermas.

No creo que una persona tenga una misión específica en la vida; sí, estoy convencido de que la persona noble o quien aspire a serlo se verá moralmente obligada a hacer todo lo posible por paliar el dolor y el sufrimiento del semejante.

En mis respuestas a tus preguntas dejé abierta una cuestión: la de la «curación de la agorafobia». Seré subjetivo: no creo que haya una curación en el sentido habitual de la palabra; sí, creo que mejor podríamos hablar de porcentajes de recuperación, ya que, por el momento, no hay tratamiento que garantice la absoluta erradicación de la enfermedad. Es más, en los grupos de autoayuda se trata el tema de las recaídas, que pueden ocurrir o no, pero que son una posibilidad más que asusta a quien intenta recuperarse. Intenta hacer que, frente a una de estas recaídas, el paciente no se desmorone, sino que la viva como una circunstancia pasajera y mucho más fácil de superar que las crisis, ya que sabe a qué se enfrenta, a diferencia de lo que ocurre en las primeras fases de la enfermedad, que se viven en un ambiente de confusión e irrealidad. En síntesis, si bien parece no existir curación definitiva por ahora, hay formas bien conocidas de devolver una calidad de vida que el agorafóbico perdió al enfermar.

Los pacientes responden en mayor o menor tiempo a alguna de las distintas terapias disponibles, pero se debe evaluar cuál es el camino más indicado para él; otra particularidad es que, si no existe en principio la firme decisión de recuperación por parte del propio afectado, ninguna terapia funcionará. A diferencia de otras enfermedades, esta no puede ser tratada a la fuerza.

Creo que ya podrás leer entre líneas la resolución de mi historia durante estos últimos tres años; luego que Gabriela se alejara de mí, dejé el pueblo donde vivíamos. Volví a mi ciudad natal en enero de 2000, donde permanecí desde entonces en busca de trabajo fijo, búsqueda hasta ahora infructuosa. En el ínterin me mantuve trabajando como técnico *free-lance* en temas de aeronavegación, que es lo que me permite por ahora tomar mis clases de piloto.

Un beso desde Rosario,
Alberto.

Luego de leerla, le envié esta carta a Sofía, pensaba que podría serle útil, ya que Alberto era un verdadero especialista en estos temas.

Sofía recibió la carta y la leyó varias veces. Esa noche la parte enferma de su cerebro se disparó de una manera tan burda que la hizo tocar fondo. Así son estas enfermedades, permiten un avance importante y minutos después sobreviene una recaída. Me contó que la crisis le dio dormida, y que esa situación la hizo orinar y defecar; al despertarse y notar hasta dónde había llegado su descontrol, perdió el conocimiento. Minutos después, cuando reaccionó, se percató de que se había cortado la lengua con los dientes. Se sentía cansada y confundida. Fueron horas horribles en las que supo que la única salida digna era la recuperación.

Hasta ahora, Sofía había utilizado el mecanismo de la evasión para no remover cosas por dentro y no sufrir. Estaba más cómoda en el limbo emocional, así guardaba ese dolor y no sentía la inestabilidad, angustia y desesperación que esos recuerdos provocaban, sin embargo, había comprendido que para rehabilitarse había que pasar por un crecimiento, por cambios emocionales profundos para así rescatar su dignidad de ser humano con el legítimo derecho a la salud y a la felicidad.

Tambaleándose, Sofía se levantó, buscó un crucifijo y lo aprisionó contra su pecho. En ese momento, no recordaba ninguna oración, evocó a su tía Ana y le pidió que pusiera en su boca las palabras justas para invocar a Dios y que Él la ayudara.

—Padre mío, me he convertido en un despojo humano, mi corazón sigue lastimado, pero lleno de amor para ti, mi familia y mis amigos. No permitas que continúe, sintiéndome miserable, por favor devuélveme la vida, esto no es vida, es suplicio, es tormento, si me he equivocado, perdóname, tú eres todo amor, sálvame. Jesús, ten compasión de mí. Dame la fuerza para recuperarme, tú puedes sanarme y estoy segura de que lo harás, porque en el dolor y en el sufrimiento que he padecido siempre has estado a mi lado y nunca me he sentido abandonada. Sin ti no hubiera podido seguir adelante. Sostenme y te prometo rescatar a personas con problemas similares. Padre, en tus manos, pongo mi destrozada vida, une los fragmentos y dame la paz que tanto necesito.

Sofía tenía la absoluta certeza de que debía liberarse primero del resentimiento que se había albergado en su alma, pues el rencor se opone a la esperanza. Un corazón lleno de odio cierra sus puertas a la paz. Después de unos minutos se fue quedando dormida. A la mañana, siguiente al despertar, el primer pensamiento fue que, a partir de ese momento, comenzaba su recuperación y reinició su autoanálisis.

Sofía fue atendida por mi amiga Malena, una excelente psicóloga; quien había tenido algunos pacientes con enfermedades similares. En un principio Sofía manifestó resistencia. No quería enfrentarse una vez más a su pasado, a sus miedos, a sus errores, a su falta de valor ni a sus dependencias emocionales. Comenzó por el repaso de la «historia evolutiva» de sus ancestros, con ayuda de la psicóloga ella comprendió que era producto de la herencia y del medioambiente y allí creía encontrar la respuesta. Se decía a sí misma que somos el resultado de hogares disfuncionales, los que nos hacen adquirir conductas y actitudes que después son difíciles de borrar y son las que nos llevan a fobias, neurosis, adicciones, en fin, disfunciones de personalidad y por consiguiente enfermedades fisiológicas, además, de las sicológicas. Ese equipaje lo traemos, al nacer se repetía una y otra vez.

Por recomendación de la psicóloga, Sofía hizo un inventario que le hiciera estremecer su alma. Ella estaba dispuesta a «lijar» las costras de aquellas circunstancias que le estaban impidiendo vivir la vida que ella deseaba y merecía. No importa cuán difícil le pareciera. Había empezado a desprenderse de algunas cosas que necesitaba remover para su recuperación. Poco a poco descubrió los sentimientos, las necesidades, las culpas y las cargas que ella había estado llevando a cuestas. Después de cada análisis se sentía exhausta, no obstante, era una limpieza necesaria para su liberación. Era un estado de conciencia que emana de un nivel más elevado, en ese nivel se sentía estable y segura. Se dio cuenta del poder de la mente y cómo podía utilizarla para su propio beneficio. A través de ese proceso trascendían sus resistencias, sus temores, su negativismo, y promovía el entendimiento, el positivismo y la perseverancia necesaria para salir del abismo en el que se sentía sumida.

Esa tarde se sentía tranquila, entró en meditación e hizo un inventario de sus virtudes y sus defectos. Cuando vio que sus fortalezas eran mayores que sus debilidades, encontró valor para continuar autoanalizándose. Siempre había examinado su vida con la cabeza, pero esta era incapaz de resolver el problema. Su corazón, en cambio, sentía, percibía y palpaba desde el fondo de su alma y entendía las paradojas.

Descubrió tantas cosas bellas: su disposición de dar amor en circunstancias desafortunadas, su responsabilidad para sostener moral y económicamente a su familia, su vocación de servicio generoso al prójimo, su capacidad de lucha. No obstante, también afloró la parte oscura: el resentimiento hacia su madre, el deseo desmesurado y enfermizo de convertirse en mamá y ser como esa madre que nunca tuvo, su desilusión al no encontrar el amor que ella soñó. Sus frustraciones en el trabajo, rodeada de amenazas y de jefes corruptos. Todos esos eventos marcaron su vida y fueron un caldo de cultivo para las manifestaciones de pánico.

No podía rechazar su parte sombría, porque por mucho que no le gustara seguía siendo parte de ella; además, el rechazo es hijo del desamor. La unificaría con su parte luminosa y se aceptaría a sí íntegramente, como el ser humano que era, con virtudes y defectos. Estaba segura de que podría alcanzar la transformación de esa parte sombría.

La relajación alcanzó un nivel tan profundo que se fue quedando dormida y se vio encerrada en un lugar oscuro y maloliente. Trataba de reconocer el entorno y no lo lograba. La habitación no tenía muebles y ella estaba sentada en el suelo. Una voz llegó hasta ella, la cual reconoció de inmediato. Era la de su jefe, le daba órdenes a una persona para que la mantuviera encerrada hasta que la dieran por desaparecida, y una vez cerrado el caso, en donde él había recibido un soborno, entonces la eliminaría. Sofía escuchó cuando una voz de hombre afirmó que así sería y que ella no le iba a dar más dolores de cabeza.

En ese momento, Sofía despertó. Se levantó del sillón y miró el reloj, eran las ocho de la noche. Pensó en llamar a Elena para que la ayudara a interpretar el sueño, pero entonces recordó que Daniel había mandado a desconectar el teléfono. Frustrada, tomó la decisión de arreglar ese problema, ella no podía estar incomunicada. Daniel permanecía en su cuarto. Desde que él se mudó de recámara, ella jamás le había tocado la puerta. Esta vez lo hizo y como no obtuvo respuesta, abrió la puerta. Él estaba acostado y de inmediato se levantó impulsado por la sorpresa.

—¡Qué demonios pasa y por qué entras así!

Sofía no respondió. De inmediato lo miró retadora y habló con voz firme.

—Mañana mismo reinstalas el teléfono. De lo contrario tendrás que largarte de esta casa. No estoy dispuesta a seguir alimentando a desgraciados como tú.

Daniel se le acercó y la sujetó por un brazo, estremeciéndola, pero Sofía sacó fuerzas, le dio un fuerte empujón y salió de la recámara. Esto desató la furia de Daniel, quien como un loco persiguió a Sofía hasta alcanzarla. La tomó por los dos brazos y la arrojó fuera de la casa.

—Ahora, loca de los infiernos, te vas a morir de miedo porque no vas a poder entrar en la casa.

Sofía comenzó a reírse como si hubiera perdido el juicio. Se paseó por el jardín y respiró aire puro. Algo llamó su atención, no sintió miedo a pesar de que se había alejado más de veinte pasos de su casa. Ella no conseguía dar tres pasos fuera del lugar donde se sentía segura. Volvió a respirar profundo, la energía entró en todo su cuerpo y recorrió, una a unas, todas sus células. Se sentía renovada y liberada. Contempló la noche, era una noche bella, las estrellas brillaban en el firmamento y en su corazón brillaba una especial, la estrella de la esperanza, había llegado a ella como un regalo celestial y estaba segura de que no se apagaría nunca e iluminaría su camino; ya no caminaría más bajo la sombra del miedo y de la depresión.

Los vecinos de Sofía fueron de gran ayuda. Había una pareja que vivía cerca de ella, a quienes había alejado para evitar que Daniel los tratara con grosería; sin embargo, ellos siempre estaban dispuestos a ayudarla. No obstante, la persona más cercana era Ángela, quien siempre la quiso, pero desde que ella enfermó no se frecuentaban.

En ese momento pensó que, si ella fuera capaz de llegar a la casa de Ángela, podría llamar a su prima. De inmediato encaminó sus pasos hacia la residencia de al lado, sintió cómo se fortalecía su corazón, antes temeroso y palpitante, ahora valiente y templado. Ángela se sorprendió al verla llegar de esa manera.

—Sofía, ¡cómo es posible que hayas podido salir de tu casa! ¿Pasa algo malo? Siéntate, por favor, te ves un poco pálida.

—No te preocupes, no pasa nada malo. ¿Me puedes prestar el teléfono para llamar a mi prima Elena?

Ángela no contestó, enseguida fue a buscar el teléfono inalámbrico y se lo entregó a Sofía. Ella marcó el número y yo contesté.

—Elena, soy yo.

—¿Te reinstalaron el teléfono?

—No, te estoy llamando desde la casa de mi vecina Ángela.

—¿Cómo llegaste allí?

—¡Por mis propios pies!

Sofía me contó el sueño, el disgusto con Daniel y la forma tan cruel como él la había echado afuera para que ella entrara en pánico y tuviera una de sus crisis; sin embargo, esta vez ella había vencido el miedo y llegó a la casa de su vecina. Experimenté una gran satisfacción, la actitud de Sofía era un gran avance y le prometí visitarla en dos semanas.

Cuando terminó de hablar por teléfono, Sofía se dio cuenta de que su hija mayor había llegado a su casa y aprovechó para despedirse de Ángela. Entró cuando Melissa abría la puerta.

—Mamá, ¡qué hacías fuera de la casa!

—Es una larga historia y ahora es tarde, lo que te voy a adelantar es que no sentí pánico y fui donde Ángela, hablé por teléfono con Elena. Le conté mis avances y está contenta.

En la sala, en estado de estupefacción, estaba Daniel, quien esperaba oír los gritos de Sofía, en cambio, la veía contenta y radiante. Sofía ni lo miró, lo ignoró y se fue a su habitación. Melissa no entendía qué pasaba y Daniel queriendo curarse en salud, y creyendo que ella le había contado su cobarde actuación, explicó:

—¿Sabes que eché a tu mamá a la calle para obligarla a enfrentarse a sus miedos?

—¡Cómo fuiste capaz de semejante canallada!

—No pasó nada. ¿Cuál es el problema?

Melissa no le respondió. Su madre trataba de ocultar las crueldades de su padre, pero ella no era ciega, se había dado cuenta de sus injusticias y de su insensibilidad. Lo dejó solo en la sala y se retiró a su recámara sin despedirse. Daniel percibió cierto desprecio en la actitud de su hija, pero a él le tenía sin cuidado lo que ellas pensaran de él.

CAPÍTULO 10

Esa tarde Sofía escuchó que tocaban a la puerta. No se movió, esperó que la empleada le anunciara la visita. Se extrañó cuando Noelia le dijo que era Melissa, y que venía bien acompañada. Se incorporó y se pasó un cepillo por los cabellos. Se maquilló y salió a recibir al invitado. Cuando entró en la sala, el misterioso acompañante de su hija se puso de pie. Sofía lo observó. Era alto, blanco, de cabellos castaños y ojos negros. Lo que se dice un hombre guapo. Él se acercó y le extendió la mano. Melissa, que hasta ahora permanecía en silencio, dijo:

—Mami, ¡te presentó a mi novio!

Sofía tuvo que sentarse para que la sorpresa no la derribara. Su hija era todavía joven, solo contaba con veintidós años y ella no quería bajo ningún concepto que cometiera un error. Sin embargo, no era el momento para oposiciones a ultranza que fueran a complicar la situación. Sería cortés y después, más tranquila, conversaría con su hija.

—Encantada de conocerlo —expresó en tono suave y sereno.

—El gusto es mío. No sabe el deseo que tenía de conocerla. Mi novia me dijo que usted estaba enferma; sin embargo, luce bella.

—Gracias, es amable, pero todavía no me ha dicho su nombre.

—Andrés De la Fuente, para servirle.

—¿De la Fuente? ¿Es usted panameño?

—Sí, soy panameño, mi padre es español. Además, me eduqué en Madrid.

—¡Qué interesante!

Después de hablar por más de una hora, Sofía quedó convencida de que Andrés parecía un buen muchacho.

Se sintió como si lo conociera de toda la vida. Melissa estaba fascinada por la mutua simpatía que surgía en la relación entre su madre y su novio. Cuando Andrés se despidió, Sofía le pidió a su hija que hablaran.

—¿Desde cuándo se conocen?

—Desde hace nueve meses.

—¿Por qué no me lo dijiste? ¿Me has perdido la confianza?

—No se trata de eso. Pensé que te ibas a oponer a esta relación.

—¿Por qué pensaste eso?

—Para no quedarte sola.

—¿Piensas que voy a ser tan egoísta? Para mí lo más importante es la felicidad de mis hijas.

—Perdona mamá, es que me siento culpable de pensar solo en mi felicidad. Sé que me necesitas, pero Andrés quiere casarse, lo amo y no quiero perderlo.

—Tranquila mi amor, que no lo vas a perder. Lo que sí quiero que estés segura de lo que estás haciendo. ¿Lo conoces bien? ¿Lo amas lo suficiente como para compartir la vida con él? ¿Tiene los medios económicos para mantener un hogar?

—Son demasiadas preguntas, mamá.

—Cuando se trata de la felicidad de una hija, nunca se hacen demasiadas preguntas. Quiero estar segura de que sabes lo que estás haciendo. Mírate en mi espejo y te darás cuenta de que mi actitud es la correcta.

—Tienes razón, no te preocupes de que ya hice todas las averiguaciones. Es más, él me dijo que está dispuesto a conversar contigo sobre nuestro proyecto de vida en común.

—Me parece bien y, si resulta un buen hombre, ten la seguridad de que en mí vas a encontrar todo el apoyo que necesitas.

—Gracias, no sabes lo feliz que me haces. Eres una madre maravillosa.

Sofía se retiró a su habitación y se puso a meditar. Sabía que su hija era joven, pero el sufrimiento la había madurado. Ella esperaba que su experiencia le hubiera enseñado a escoger el hombre con el cual compartir su vida.

Otra noticia inesperada le llegó pronto. Vielka había concursado para una beca en Estados Unidos, no lo había informado porque pensaba que eran pocas las posibilidades de ganársela. Sin embargo, esa tarde le dieron la buena noticia y llegó a casa dando gritos de alegría.

—Mami, ¡me gané una beca para estudiar en Los Estados Unidos!

—¿De qué estás hablando?

—No sabes lo feliz que me siento, ese era el sueño de mi vida y me gané la beca con todos los gastos pagos, ¿me dejarás ir?

—Por supuesto, querida. No seré jamás un obstáculo en tu vida.

—Fue difícil, mamá. Concursamos cuarenta estudiantes y yo me la gané.

—Estoy orgullosa de mis hijas. Dios me bendijo con la maternidad, ¡qué hubiera sido de mí sin ustedes!

—No te pongas triste.

—No lo estoy, lo que pasa es que las voy a extrañar.

—Me extrañarás a mí. Melissa se queda contigo.

—Te equivocas, Melissa se casa en unos meses.

—¿Se casa?

—Sí, hoy mismo me presentó a su novio y me parece un buen muchacho, pero no se preocupen por mí. Voy a estar bien.

—Si ella se casa y nos deja, entonces renunciaré a mi beca. Por nada del mundo te dejaría sola y menos en tu estado, tú estás enferma.

—No voy a permitir que se sacrifiquen por mí y esa es mi última palabra.

—Solo si tú te curas, me iré. No me podrás obligar a abandonarte.

Pensamientos encontrados llegaron a la atribulada mente de Sofía, ella había vivido para sus dos hijas y ahora, por diferentes motivos, ambas partirían en busca de su futuro y a Sofía se le acababan los motivos para vivir. Se había dado cuenta de que ese patrón de conducta no era normal ni mucho menos sano. Estaba confundida, días antes había pensado que estaba recuperada de sus miedos e inseguridades y ahora le llegaban estas nuevas y todo su control se iba por un tubo. En ese momento recordó que su siquiatra la atendería en la tarde. Todos los jueves llegaba a su casa para su psicoterapia. Evocó las conversaciones con el médico, todas iguales, las mismas preguntas, las mismas respuestas. Por primera vez en años tendría algo nuevo que consultarle al médico.

Vielka se despidió con un beso y le dijo:

—Voy a comentarle a mi papá lo de la beca. Quiero que me apoyes si él se opone.

—No te preocupes, todo va a salir bien.

Otra mala noticia llega inesperadamente, la madre biológica de Sofía, enferma de leucemia, murió. Sofía estaba deprimida y le pidió al siquiatra que la visitara con más frecuencia. Miró al reloj, era la hora de su cita, hasta en eso su médico era predecible. Nunca llegaba ni más tarde ni más temprano. Noelia entró para anunciarle la llegada del médico.

—Hazlo pasar, voy enseguida.

Sofía se arregló los cabellos y se puso una bella bata de casa. A pesar de las circunstancias había recuperado su gusto en el vestir. Entró en la sala y el doctor se levantó para saludarla.

—Sofía, luce usted bien.

—Gracias, pero en verdad me siento triste.

—¿Y eso por qué?

—Se trata de mis hijas. Melissa me comunicó que se casa en unos meses y Vielka que se ganó una beca para los Estados Unidos, Además, mi madre murió. Me quedo sola y sin motivos para seguir viviendo.

—No diga eso, usted no puede vivir su vida en función de las demás personas. A lo mejor ese es el remedio para que se sobreponga y comience a vivir para sí misma.

—Nunca lo he hecho.

—Ese puede ser uno de los motivos de su depresión crónica.

—Debemos tener un objetivo, una misión que haga valiosa nuestras vidas.

—Mi misión ha sido vivir para mis hijas.

—Eso no es misión; eso, mi querida señora, es una obsesión. Está bien que sea buena madre, pero no hasta el extremo de anular su propia vida, sus anhelos y sus esperanzas. ¡Reaccione!

—Nunca he vivido de otra forma. Ni cuando estaba sana lo hacía. No sé hacerlo de otra forma.

—Tendrá que aprender.

—No sé si pueda.

—Deberá hacer un esfuerzo por recuperar su vida.

—Con relación a la muerte de mi madre: ¿qué puedo hacer?

—Resignarse. Usted ya la perdió desde el día que ella se la entregó a su abuela. Sofía, usted ha vivido de duelo toda su vida. Libérese de ese dolor y entiérrelo con la difunta.

Sofía no pronunció ni una sola palabra y el médico se retiró, dejándola envuelta en un mar de confusiones. Ensimismada en sus pensamientos, no oyó el timbre de la puerta. Noelia salió de la cocina para recibir la visita.

—No te preocupes, yo le abro —contestó Sofía.

Se dirigió a la puerta, estaba tan distraída que no preguntó quién era.

—Elena, ¡qué alegría verte! ¿Cuándo llegaste?

—Acabo de llegar.

Sofía me pidió que pasáramos a su habitación. Tenía que ponerme al tanto de los nuevos acontecimientos y no quería ser escuchada por otra persona. Con voz atropellada por la prisa me contó las novedades. La escuchaba entre sorprendida y preocupada. También me comentó acerca de su conversación con el siquiatra y estuve de acuerdo con las conclusiones del médico. Sin embargo, lo que me había motivado a viajar estaba relacionado con el plan de recuperación de la salud que habíamos iniciado para rehabilitar a Sofía. Por esa razón, sin perder más tiempo, manifesté.

—Sofía, hice este viaje relámpago porque te traigo buenas noticias. Estuve en una conferencia de un médico hindú, quien labora en los Estados Unidos y afirma que casi todas las enfermedades se pueden curar con alimentación, pensamiento y meditación. Ya tú tienes como base tus prácticas de meditación, ahora debes hacer una dieta y aprender a visualizarte sana, o por lo menos controlada.

Sofía parecía distraída y le hice un llamado de atención.

—¿Me estás escuchando?

—Si querida prima, puede ser que todo eso que tú dices sea cierto, y yo lo he probado, he mejorado con la meditación y el autoanálisis, pero ahora la situación se ha complicado y no sé qué hacer.

—¿Recuerdas lo que decía mi mamá?

—Ella decía tantas cosas sabias, pero ahora no sé a qué te refieres.

—Cuando una situación se complicaba más y más, ella no perdía la fe, al contrario, decía que estaba próxima a solucionarse y afirmaba: «siempre es más oscuro antes del amanecer».

Sofía sonrió y recordó a su tía Ana. Cuánta falta le hacían sus consejos y sus palabras afectuosas.

—Tienes razón, no me voy a dejar abatir. Explícame cómo es el nuevo tratamiento, debe ser importante cuando has viajado de inmediato.

Le expliqué a Sofía que todas las células de nuestro cuerpo están programadas por su ADN y estas células están reguladas por nuestra inteligencia interior, cuando esta inteligencia se descontrola, las personas enferman; sin embargo, el cuerpo sabe revertir este proceso, pero por alguna causa desconocida para la ciencia, no siempre tiene éxito. Le expliqué que debía encontrar la fórmula para revertir el desarrollo de ese padecimiento que la incapacitaba o por lo menos controlarlo de una manera que le permitiera llevar una buena calidad de vida. De una cosa sí, estoy segura, le afirmé, cada vez que yo tengo un objetivo, lo consigo, no importa lo que tenga que vencer.

Sofía siempre decía que yo era el mejor contrincante para cualquier combate. Admiraba mi entusiasmo y no quise desanimarla, pero su vida era tan sacrificada y a la vez tan hueca. Ella no sabía cómo llenar esos enormes vacíos, si pudiera llenarlos de esperanza, sería maravilloso, yo una soñadora empedernida, tenía cierta magia para convertir mis sueños en realidad, pero el caso de ella era diferente. Sin embargo, Sofía tenía que reconocer mi persistencia: cuantos planes, ayudas sicológicas, autoanálisis y meditaciones. Sabía que yo era incansable y no me daría por vencida hasta triunfar.

Contemplé a Sofía, esperando una respuesta o un comentario. El silencio se hizo tan embarazoso que le pregunté:

—¿No tienes nada que decirme?

—Si yo tuviera tu entusiasmo; pero no lo tengo y, además, hasta la fuerza para continuar, la estoy perdiendo.

—No te pongas así. Tú siempre has sido una superviviente, por esa razón tengo fe en que te vas a curar.

—Elena, el neurólogo, me dijo que el medicamento descompuesto ocasionó problemas químicos en mi cerebro y perdí una gran cantidad de neuronas. Jamás voy a volver a ser la misma. Mucha de la información valiosa de mi trabajo y mi aprendizaje como profesional la he olvidado. La química del cerebro tiene que ver con las funciones que yo tengo disminuidas. La mente trabaja con esas complejas moléculas.

—No creas que soy una ilusa, sé que no volverás a ser la misma. No hay persona capaz de volver a ser la misma después de enfrentar y vencer un reto como el de una enfermedad grave; sin embargo, a pesar de las secuelas, podrás llevar una vida con normalidad.

Me levanté, comencé a pasearme por la habitación y continué.

—Nadie te pide que vuelvas a tus trabajos anteriores. Sin embargo, como terapia, podrías hacer algo productivo. Te voy a poner un ejemplo: cuando te recuperes, organizarías charlas para ayudar a personas con problemas similares para darles ánimo y que puedan superar su problema. A lo mejor hasta coordinar un grupo de ayuda a personas que sufren de fobias.

Vi un destello en la mirada de Sofía y la abracé.

—Ánimo mujer, juntas vamos a vencer. No hay obstáculo que el verdadero arrojo y una férrea determinación no puedan superar.

—Tienes razón, juntas lo vamos a lograr. ¿Sabes? Lo voy a hacer no solo por mis hijas, lo voy a hacer por mí. Soy una mujer joven y con un futuro por delante.

Era la primera vez que oía hablar de su futuro como algo prometedor. Sus temas de conversación eran el sufrimiento del pasado o la preocupación por un futuro incierto. Me retiré dejándole la información recibida en el curso dictado por el médico hindú. Sofía prometió seguir con la meditación, el autoanálisis, los pensamientos positivos, las visualizaciones, los ejercicios y la dieta que recomendaba. Toda la información médica que pudiera recabar con la esperanza que le sirvieran a Sofía se la haría llegar. Estaba empeñada en ayudarla a como diera lugar.

Cuatro meses después, estaba descansando en mi apartamento cuando escuché el timbre del portero eléctrico. Me levanté despacio y contesté. Era el conserje para avisarme que había una persona que quería subir a darme una sorpresa y que no quería ser anunciada.

—¿Es hombre o mujer?

—Es mujer.

—Entonces hágala pasar. No creo que sea peligrosa.

—Así lo haré.

Abrí antes de que la persona tocara el timbre. Estaba tan intrigada. Una mujer blanca de cabellos rojizos entró por el umbral. En primera instancia no la reconocí, cuando lo hice, un grito agudo se escapó de mi garganta.

—Sofía, querida prima, ¡Cómo es posible que estés aquí!

Sofía entró, me abrazó, dio varias vueltas conmigo y casi me derriba. Sonreía y se veía bella.

—Por favor, ¡cuéntame qué pasó, si no me va a dar un soponcio!

Sofía me dijo que hizo las dietas, las meditaciones, los ejercicios y las visualizaciones, esto pareció fortalecerla, pero no conseguía resultados concretos. Malena, su psicóloga, el siquiatra y el neurólogo la ayudaron mucho.

Gracias a la psicoterapia comprendió a Daniel; su comportamiento era una combinación de hostilidad, agresión, desprecio y crueldad. Él también fue una víctima de la violencia generada contra él desde la infancia. Su padre era un hombre posesivo y con una autoridad indiscutida. Su madre, otra víctima de ese padre rígido, tiránico y aterrador que no toleraba el más simple error. Tampoco les permitía comunicarse, el único que podía hablar era él. Ese comportamiento creó en Daniel una ira incontenible, que jamás se permitió expresar, de manera que el enojo fue almacenado interiormente.

Sofía guardó silencio por unos minutos, lo que ella decía tenía lógica, nunca pensé que iba a sentir compasión por un hombre capaz de maltratar a su esposa. Ella interrumpió mis pensamientos y continuó.

—Daniel no era el culpable de mi enfermedad; sin embargo, el intento de comunicarme con él fue estéril. Mantener una relación destructiva constituye un fracaso mucho mayor que encontrar el coraje necesario para ponerle término. No hay nada en un mal matrimonio que te obligue a considerarlo sagrado. Ahora era capaz de cuidarme sola y proteger mis propios intereses, segura de mi propio valor, con la esperanza de ser amada y tratada con respeto.

Me recordó que en una de mis conclusiones, yo aseguraba que ella encubría un miedo real y existente. Durante las sesiones de psicoterapia descubrió ese miedo. Recordó el sueño que ella tuvo con su jefe. Se dio cuenta de que les temía a las represalias de ese frustrado y peligroso hombre que la había perseguido hasta echarla. Después de llegar a esta conclusión, el miedo no desapareció del todo. Tal vez porque el peligro estaba enmascarado por la actitud cobarde y encubierta de este individuo, pero seguía allí latente, debido a que ese siniestro personaje manipulaba desde su puesto de trabajo el poder de los tribunales de justicia. No obstante, un acontecimiento vino a cambiar la situación de una manera súbita.

Sofía interrumpió el relato, una vez más, y se paseó por la sala del apartamento; se asomó al balcón y continuó hablando.

—Una noche, un antiguo compañero de trabajo llamó para darme una noticia. El jefe había sido despedido y estaba detenido bajo el cargo de corrupción. Sofía me contó que se alegró mucho, aunque después se arrepintió porque nunca debemos regocijarnos con el mal ajeno. Sin embargo, ese hombre en particular se merecía esa suerte.

—Como comprenderás prima, muerto el perro se terminó la rabia. Ese hombre que tanto miedo me inspiraba había perdido todo su poder y estaba reducido a su mínima expresión. A partir de ese momento, la opresión que sentía en el pecho se eliminó con los otros síntomas colaterales. También quise probar si había desaparecido la agorafobia y salí al jardín a contemplar el atardecer. La belleza del paisaje y la calma cobró una majestuosidad excepcional. El panorama era fascinante y reinaba un silencio solemne. Había llovido y el olor a tierra mojada, me fortaleció. Me sentí en contacto directo con la naturaleza. Me puse a meditar y fue maravilloso comprobar que estaba recuperada. Claro, me han quedado secuelas, pero trataré de hacer una vida normal y voy a buscar mi realización como ser humano.

Luego de una breve pausa subió el tono de la voz.

—En un mes se casa Melissa, y dos semanas después Vielka viaja a los Estados Unidos para continuar sus estudios. Además, estoy separada de Daniel. Le puse una demanda de divorcio, y con el caudal de causales que pude aportar el asunto va a resolverse pronto. Voy a ser una mujer libre, libre de la violencia, libre del miedo y libre de la dependencia. Sí, una mujer renovada, con sueños, anhelos y una misión por cumplir, la misión de servicio.

—Sofía, es importante lo que acabas de expresar, porque nuestras vidas adquieren significado cuando ofrecemos sin condiciones nuestro servicio a los demás. Solo así podremos superar el dolor que, en ocasiones, nos causa lo inevitable, porque el dolor siempre llega a nuestras vidas, pero el sufrimiento es opcional. Cada vez que consolamos a alguien curamos nuestro propio dolor. Ese es el camino a la felicidad, porque la felicidad, mi querida prima, no es un destino, es un camino que se recorre día a día.

Sofía estaba feliz, juntas habíamos emprendido este combate y habíamos salido victoriosas. De ahora en adelante, el sendero que tenía que recorrer Sofía era el de la esperanza. Poco a poco fue normalizando su vida; no pudo ejercer el trabajo de abogada ni el de profesora, la enfermedad dejó secuelas que le impidieron recordar toda la información almacenada en sus años de estudio y de trabajo. Sin embargo, dedicó tres horas diarias a organizar un proyecto para una fundación de ayuda a las víctimas de las fobias. Todos los días se comunicaba con Alberto por el Internet para que él la fuera guiando. El trabajo fue arduo, pero ella estaba empeñada en hacerlo de una manera competente.

Viajé varias veces para ayudar y supervisar los proyectos de Sofía. Semanas después éramos unas verdaderas expertas. También organizamos un seminario para proporcionar capacitación específica a instituciones, profesionales y organizaciones para la puesta en marcha, seguimiento y evaluación de Programas de Asistencia y Prevención de la Violencia Familiar. El contenido del seminario estaba distribuido en módulos donde se analizaba la violencia familiar como problema de derechos humanos y de Salud Pública.

Transcurrió un año. Sofía solo había presentado dos crisis de ansiedad, las cuales pudo superar con relajación y un medicamento ansiolítico. Ella me mantenía al tanto de todos sus avances y de sus nuevas decisiones. Ese día, en particular, se cumplía ocho meses de su divorcio ante la ley. Sofía recuperó también su peso. Ya no era la mujer anoréxica y sombría. Ahora dedicaba tiempo a su persona, se vestía con distinción y visitaba todas las semanas el salón de belleza. Sentirse bella y productiva hizo que recuperara su autoestima. Cada vez que salía a la calle y escuchaba un piropo le alegraba mucho ser atractiva para el sexo opuesto. Ese fue el inicio de una nueva vida llena de desafíos, de esperanzas, de proyectos y de amor. Por primera vez comprendió que el amor es mucho más que palabras. El amor es un arte que se constituye con el respeto, la responsabilidad y el conocimiento de la persona amada.

Esa mañana, Sofía se levantó temprano, se sentía feliz, me llamó por teléfono y conversamos sobre el grupo de autoayuda. Ella esperaba la información prometida por Alberto para poner en ejecución el proyecto. Dos días después llegó carta de Alberto. En ella él le explicaba la manera de organizar el grupo. Había que reunir a varias personas con ese mismo problema. Esa fue la primera dificultad, ya que Sofía vivía en un pequeño pueblo y era la única paciente con agorafobia. Sin embargo, le aconsejé que comenzara por formar el grupo con víctimas de la violencia intrafamiliar. Sofía aceptó la idea e inició el proyecto.

Alberto les había advertido que lo primero que tenían que hacer era establecer objetivos claros, ya que esa era una de las razones que ocasionaba la desintegración del grupo. La organización inicial fue ardua y en algunas ocasiones, Sofía pensó que su proyecto iba a fracasar, pero esa aparente frustración fue en cierta forma un aprendizaje. Dos meses después, ya se reunían todas las semanas y había tenido avances significativos; el simple hecho de compartir la angustia y el miedo provocado por la violencia doméstica se puede considerar un logro.

Alberto le propuso a Sofía hacer contacto en el Internet con profesionales especializados para transmitirles su inquietud; algunos de ellos se encontraban dispuestos a apoyar y alentar este tipo de iniciativa en una forma desinteresada. Ya en un plano más personal, le sugirió que aprendiera a actuar sobre la base de su intuición, a confiar en sus instintos. Sucede que quienes tienen problemas como la agorafobia tienden a poner todo bajo control; sus pensamientos, sus acciones, sus emociones, el espacio donde se sienten seguros, etc. y suelen rechazar toda novedad, la posibilidad de recuperarse es una de las ideas que rechazan de plano con mayor frecuencia. En otras palabras, para recuperar el control de sus vidas, a veces se ven paradójicamente obligados a perderlo.

Un año después de estar funcionando el grupo de ayuda para la asistencia de las víctimas de la violencia intrafamiliar, Sofía se incorporó a una asociación en la capital destinada a ayudar a los pacientes con fobias. Era un grupo terapéutico conducido por profesionales, un médico siquiatra, un psicólogo, coordinados también por personas recuperadas de la enfermedad, entrenadas específicamente para trabajar en ese ambiente. Su eficacia estaba garantizada por el grado de compromiso y conocimiento de los especialistas.

Los logros de Sofía fueron significativos, ella estaba tan sorprendida que me llamó para comentarme sus avances. Conversamos varios minutos y Sofía me dijo lo maravillada que se sentía por su nueva vida.

—Siempre la vida te va a sorprender, si aprendes a

vivir el presente, sin los traumas del pasado ni las expectativas del futuro, lograrás la felicidad.

—Elena, ¡crees que yo pueda volver a amar a otro hombre!

—Estoy segura de que así será, pero amarás de una manera diferente. El amor está basado en la realidad. El amor no es ciego.

—Sabes, querida —dijo Sofía, creo que mi amor no estará basado en la realidad. Son sueños que nunca se van a materializar.

—Sí, el amor está basado en la realidad, pero también en tus sueños lo puedes alcanzar. Empezamos a amar no cuando encontramos una persona perfecta, sino cuando aprendemos a ver perfectamente una persona imperfecta.

—Tienes razón, lo importante es tener la actitud correcta, en el momento correcto. He aprendido la lección y no la voy a olvidar porque de eso depende mi felicidad.

Sofía contempló su vida con lucidez, sin juzgar, sin evadirse y sin excusarse. En ese instante, asumió la responsabilidad, por la influencia que la gente tenía sobre ella y por los acontecimientos que le habían dado forma a sus miedos. A partir de ese momento no culparía a nada ni a nadie de todos los errores y adversidades. Ahora la vida era suya, para ser disfrutada, para ser útil, para aceptar desafíos. Antes, el pánico había entumecido sus sentidos y su conciencia, pero ahora experimentaba una claridad asombrosa. Su corazón palpitaba de amor, por sí misma, por su familia, por sus amigos y por todo el mundo.

EPÍLOGO

Nos preparábamos para la conferencia que Sofía iba a presentar sobre su testimonio de recuperación. La empleada anunció una visita. Era Alberto que acababa de llegar de Argentina. Lo abrazamos locas de alegría, sentíamos a este amigo como parte importante de nuestros logros, y en verdad él había sido motor fundamental de la recuperación y rehabilitación de Sofía. Quedamos encantadas con la apariencia de nuestro amigo argentino. Él andaba deprisa, ya que tenía que registrarse en el hotel y vestirse para el acto. Se despidió y acordó encontrarnos unos minutos antes de la conferencia.

Nos esmeramos en nuestro arreglo personal, contratamos a un estilista para que fuera a mi casa, nos peinara y maquillara. Sofía se vistió con un traje largo color rojo, ese color era el indicado para ese día, reflejaba su estado de ánimo, de corte sencillo que seguía la silueta, abriendo suavemente en un escote en forma de ojal en la espalda y con un cinturón de suave piel como único adorno. Yo llevaba un ajustado y largo vestido negro, cruzado en el busto, abierto en la espalda.

Cuando hicieron la entrada triunfal a la sala de conferencias. Sofía gritó como una loca llena de entusiasmo. Se acercó a un hombre, lo abrazó llamándole Arturo.

—¿Cómo sabías que era yo?

—Es una larga historia. Estoy intrigada, cómo supiste que nosotras estaríamos aquí —preguntó Sofía.

Arturo no atinó a contestar la pregunta y exclamó.

—¡Estás bella y ahora ya no eres mi paciente!

—Tú también eres guapo, no me creerás si te digo que te imaginé tal como eres.

—Claro que te creo, a mí me pasó lo mismo. Es como si nos conociéramos de antes.

—Puede ser que así fue.

—¡En otra vida! —respondió, guiñando un ojo.

—Sí, en otra vida.

Arturo le dijo que le habían invitado a la conferencia que ella iba a dar.

—Te quise dar una sorpresa y por lo visto lo logré.

—No solo ha sido una sorpresa, sino una idea maravillosa que me ha colmado de felicidad.

—Si tienes otra idea como esa, me avisas, no vaya a ser que mi corazón quede resentido.

—Querida, la felicidad nunca nos hace daño.

Sofía comentó que Arturo era igual al hombre que ella vio en sus alucinaciones y preguntó.

—¿Tienes alguna explicación para este fenómeno?

—No pierdas tiempo en eso, disfruta el momento y sé feliz.

—Así lo haré, querida hermana.

—Tú también eres una hermana para mí. Ten presente que nuestros amigos, son los hermanos que Dios olvidó darnos.

El organizador de la conferencia nos avisó que ya todos los arreglos estaban listos y que empezaban en cinco minutos.

El maestro de ceremonias anunció a Sofía. Al verse frente a tantas personas sonrió, quién le iba a decir que se iba a dirigir a tanta gente sin sentir aprensión. Ella siempre temió hablar en público, hasta cuando estuvo sana; lo llamaba miedo escénico. Sin embargo, esa noche, frente a tantas personas, solo sentía felicidad y agradecimiento, sí agradecimiento a sus amigos, que estaban en primera fila. Arturo la saludó con una inclinación de cabeza y Alberto, más efusivo, le mandó un beso.

—Permítame presentarle a mi prima Elena. Ella me

ayudó en los momentos más difíciles y formamos un equipo para enfrentarnos a la bestia de la fobia que se agazapaba en mi interior. Para curarme tuve que aprender a perdonar porque perdonar es eliminar un sentimiento adverso contra alguien que nos hizo sufrir por encima de sus errores y desaciertos. Juntas hemos hecho este trabajo y juntas les ofrecemos nuestra ayuda y amor a todas las víctimas de las fobias, de la desintegración familiar y la violencia doméstica, del deterioro de la sociedad y de la carencia de amor. También quiero presentarle a un amigo maravilloso que me ayudó a recuperarme: Alberto, paciente de agorafobia, un adorable argentino que creyó que se podía lograr mi liberación.

Sofía interrumpió su discurso y abarcó con su mirada a todos los presentes, antes de enfatizar su afirmación.

—Sí, dije: liberación, amigos y amigas, yo estaba en una cárcel, la cárcel del temor.

OBRAS PUBLICADAS

Caminos y encuentros
Y era lo que nadie creía
Travesías mágicas
La noche oscura
La cárcel de temor
Roberto por el buen camino
La raíz de la hoguera
Los ángeles del olvido
No hay Trato
Mujeres en fuga
Agenda para el desastre
Niña bella
El retorno de los bárbaros
El crepitar de la Hoguera
Diagnóstico: N. P. I.
Los misterios del olvido
El arcoíris sobre el pantano
El poder desenmascara
Un grito desde el silencio/ el oscuro abismo del bullying
El murmullo de la sombra
Vida de compromiso
La noche no dura para siempre
Se presume culpable
Veinte años Después
La burbuja invisible
Solo en la noche se observan las estrellas
¿Qué vamos a hacer después de lo que nos hicieron?
En el umbral del olvido

www.ingramcontent.com/pod-product-compliance
Lightning Source LLC
Chambersburg PA
CBHW020534290526
45786CB00002B/873